Inspiradoras Historias Nativo Americanas para Niños

Emocionantes historias de tradición, sabiduría y resistencia para fomentar el aprecio cultural y la empatía

Índice

Introducción

Desde que los primeros pueblos se reunían en torno al fuego, contar historias ha sido una forma de compartir los altibajos de la vida con la familia y los amigos. Hace mucho tiempo, cuando la vida era dura, la gente aprendía lecciones importantes con cacerías salvajes y profundas conexiones con la naturaleza. Convirtieron estas lecciones en increíbles mitos e historias sobre grandes bestias, poderosos dioses y misteriosos espíritus. Estas historias se han transmitido de padres a hijos durante miles de años; ¡ahora tú también puedes leerlas!

Los nativos americanos siempre han sentido un vínculo especial con la tierra, el aire y el brillante sol. Su forma única de ver el mundo proviene de sus costumbres inteligentes, sus corazones fuertes y sus antiguas tradiciones. Estas historias están llenas de aventuras y lecciones del pasado que siguen siendo importantes hoy en día. Mientras lees, te sentirás parte de la acción y conocerás a valientes héroes y criaturas mágicas.

Imagina leer estas historias junto a una hoguera, con el aire impregnado de olor a malvavisco y el sonido de los grillos y el susurro de los árboles: es el escenario perfecto para disfrutar de historias emocionantes y un poco espeluznantes. O léelos a la hora de dormir y deja que tus sueños sean aventuras. Estas historias se quedarán contigo para siempre, enseñándote la magia de la naturaleza, la fuerza de permanecer unidos, la valentía de los héroes y la esperanza de un futuro mejor.

Al sumergirte en este libro, te conectarás con la sabiduría de muchas tribus nativo americanas. Imagínate en sus emocionantes historias de aventura y valentía, conociendo a sabios jefes, animales mágicos e intrépidos guerreros. Descubre secretos y maravillas que el tiempo casi ha olvidado. Estas antiguas tradiciones americanas están esperando a que las explores. ¡Prepárate para un emocionante viaje por la historia con cada página que pases!

Capítulo 1: Historias de los antepasados: Leyendas atemporales

¿Qué es el folclore nativo americano?

El folclore son las historias y costumbres que se transmiten de generación en generación[1]

El folclore son las historias y costumbres que se transmiten de generación en generación. Algunas son tan antiguas que es difícil saber de dónde vienen. Se asientan tan profundamente en el alma de las personas que es imposible separar estas historias de una cultura. Lo que diferencia a las personas de todos los animales de la Tierra es su capacidad para contar historias y transmitirlas a sus hijos. El folclore se crea cuando muchas personas transmiten una tradición hasta tal punto que se convierte en parte de lo que son. Estas historias se construyen con el tiempo porque las lecciones que enseñan son importantes para las nuevas generaciones. El folclore puede ser arte, tradiciones verbales, música o religión, pero todas encierran importantes mensajes para quienes las reciben.

Estas historias ponen de relieve el vínculo de los nativos americanos con la naturaleza[a]

Los siguientes cuentos incluyen la historia de la creación de los Hopi, la leyenda de Tigguk de las tribus Inuit, y el cuento Wampanoag de Maushop el Gigante. Estas historias ponen de relieve el vínculo de los nativos americanos con la naturaleza para que comprendas mejor cómo todo está conectado y tu responsabilidad de cuidar las plantas y los animales que te rodean. A través de místicos relatos de creación y aventura, tendrás la oportunidad de recorrer el mismo camino que recorrieron generaciones de niños antes que tú. Los ancianos de estas tribus han repetido estas fábulas durante cientos de años, y ahora han llegado a ti para que tu imaginación también pueda volar.

Mitos sobre la creación en las distintas tribus

Historia sobre la creación de la tribu Hopi

La naturaleza es extremadamente importante para la cultura indígena americana. Entienden que, sin el mundo natural, la gente morirá, por lo que lo honran. El respeto por la naturaleza que tienen los indígenas está sembrado en sus mitos sobre la creación. Los indígenas no consideran a los humanos más importantes que el mundo natural, sino que ven a las personas como parte de una complicada tela de araña que lo conecta todo.

Los Hopi entienden que la Tierra no le pertenece a la humanidad; la gente le pertenece a la Tierra. Ella es la madre de la humanidad. La tribu hopi forma parte de un grupo más amplio llamado pueblo, que procede de partes de las actuales Arizona y Nuevo México. La historia sobre la creación que cuentan los Hopi es una de las más interesantes del mundo.

Al principio de los tiempos, antes de que nada existiera, había dos grandes seres cuyo poder no tenía límites. Uno de estos seres era la Mujer Araña. Ella tiene incluso más poderes que el lanzar redes, que viste mallas rojas y azules. La Mujer Araña es la Diosa de la Tierra y es la cuidadora de todos los habitantes del planeta. El otro ser poderoso que estaba allí al principio de los tiempos es Tawa, el Dios Sol, que controla todo en el vasto cielo que miras por la noche. Mueve los planetas, ilumina las estrellas y lanza los meteoritos que surcan el aire a gran velocidad.

Tawa y la Mujer Araña se sentían solos después de pasar millones y millones de años juntos. Tuvieron la brillante idea de crear más seres vivos para dejar de estar solos. Tawa gobernaba los mundos superiores y la Mujer Araña los inferiores. La Tierra de las Aguas Brillantes está entre los dos mundos, donde crearon la hermosa Tierra que llamas hogar.

Tawa, el Dios Sol, y la Mujer Araña comenzaron una hermosa danza. Dieron vueltas, saltaron por todos los mundos y se balancearon y cantaron a pleno pulmón, creando un viento poderoso y mágico que llenó todos los rincones del universo. De este viento mágico brotaron todas las flores de la Tierra. Eran muy coloridas y brillantes. Todos los colores del arco iris podían verse en sus preciosos pétalos, y sus hojas y tallos verdes se extendían hacia el cielo con gratitud a sus creadores.

Después de cantar y bailar, Tawa se sintió cansado y se recostó a contemplar las preciosas flores que acaban de crear. Comenzó a soñar despierto con todo tipo de pájaros volando por el cielo, surcando las cimas de las montañas y deslizándose entre los árboles del bosque. Imaginaba peces grandes y pequeños saltando por los ríos y zambulléndose dentro y fuera del océano. Pensó en todos los árboles, algunos tan pequeños que le rozaban los tobillos y otros tan gigantes que le tocaban las nubes. Soñó con todos los animales de la Tierra, desde el poderoso bisonte que corre por las llanuras abiertas hasta la serpiente de cascabel que agita su sacudidor de advertencia e incluso las diminutas hormigas que pican la espalda de quien se tumba en la hierba alta.

La Mujer Araña vio la ensoñación de Tawa y la impresionó. Le asombraron todas las maravillosas criaturas que Tawa imaginaba. Quedó tan impresionada que no le bastó con esconder a todos estos seres increíbles en un sueño. La Mujer Araña decidió crear todos los sueños de Tawa a partir de la arcilla de la Tierra, moldeándolos cuidadosamente con sus amorosas manos. Hasta el día de hoy, el pueblo hopi honra a Tawa y a la Mujer Araña, que cuidan de ellos y les dan todo lo que necesitan del mundo natural que crearon. Son como una madre y un padre cósmicos que cuidan de todos los habitantes del planeta.

Héroes Legendarios: Crea tu propia leyenda

La historia de Tiggak

Los nativos americanos (o indígenas) no proceden todos de una misma tribu. Tienen miles de tradiciones, lenguas e historias diferentes. Las tribus inuit proceden de las zonas frías de América, como Canadá y Alaska, donde los vientos helados muerden la piel. Frotándose las manos alrededor de una hoguera ardiente, envueltos en gruesas pieles mientras el viento silba en la noche, los ancianos cuentan la historia del valiente Tiggak.

Hace mucho tiempo, en la antigüedad, había un valiente y humilde hombre llamado Tiggak. La comida escaseaba en su aldea, pero como se avecinaba una feroz tormenta, muchos de los cazadores temían aventurarse a salir. A medida que aumentaba su desesperación, Tiggak y su hijo emprendieron la imposible tarea de adentrarse en los agitados mares para pescar. Los fuertes vientos y la nieve formaban cristales de hielo en sus cabellos mientras sus dedos se entumecían de tanto agarrar sus lanzas.

Subieron a su barca cubierta de piel, conocida como umiak. Las aguas se volvieron más bravas y olas del tamaño de rascacielos golpearon su pequeño umiak arriba, abajo, a izquierda y derecha. Por desgracia, el querido hijo de Tiggak falleció en medio del caos, por lo que se vio obligado a llevar su cuerpo de vuelta a la orilla. Con los ojos llenos de lágrimas y el corazón roto en cien pedazos, Tiggak enterró a su hijo y apiló piedras sobre su tumba.

El barco cubierto de piel se llama Umiak[3]

Tiggak no podía soportar separarse de su hijo, así que nunca regresó a la aldea y optó por construir una casa junto al lugar donde enterró a su hijo. Cuando su dolor acabó por dormirlo, Tiggak oyó crujidos fuera de su iglú. Se despertó, tomó su lanza y se acercó con cuidado al peligro potencial. Encontró un zorro, una liebre, una morsa y un oso de hielo desenterrando la tumba de su hijo.

Furioso, Tiggak gritó y, con su poderosa fuerza, atacó a los animales, perturbando la tumba de su hijo. Intentaron defenderse, pero nada pudieron hacer contra su increíble poder. Mientras los inmovilizaba con su lanza, le suplicaron que les perdonara la vida, explicándole por qué hacían lo que hacían.

El zorro le suplicó a Tiggak: "Sólo hago esto porque necesito conseguir mis dientes". La morsa explicó: "La única forma de conseguir mis bigotes es a través de tu hijo". La liebre respondió: "Todos los órganos internos que me mantienen con vida los obtendré de tu hijo". El oso de hielo completó su explicación diciéndole a Tiggak: "La única forma de mantenernos vivos es robando a los muertos". Tiggak se tranquilizó porque por fin comprendió que los animales no hacían esas cosas por crueldad, sino porque lo necesitaban. Le enseñaron a Tiggak una lección sobre el equilibrio de la naturaleza y los ciclos de la vida y la muerte. Tiggak los dejó marcharse, y ellos le devolvieron su amabilidad asegurándose de que su aldea nunca volviera a pasar hambre ofreciéndoles siempre abundantes cacerías.

Maushop "El Gigante"

El pueblo Wampanoag vive en la costa sureste de Massachusetts. Su nombre en inglés significa «El Primer Pueblo de la Luz». Al igual que muchas otras culturas nativo americanas, el pueblo Wampanoag tenía una fuerte conexión con el mundo natural y su entorno porque estaba profundamente ligado a su vida cotidiana. Los wampanoag comprendían que todo está conectado. La humanidad forma parte de un complejo y delicado sistema, por lo que debes respetar la naturaleza. El pueblo Wampanoag comprendió que no sólo podía tomar egoístamente de la naturaleza, sino que tenía que devolver porque forma parte del Círculo de la Vida y tiene el deber de cuidar de las plantas, los animales, los ríos y los mares. La historia de Maushop el Gigante explica cómo el pueblo Wampanoag aprendió su papel en los ciclos naturales del mundo.

Un día, hace mucho tiempo, el pueblo Wampanoag se encontró con un gigante fuerte y amistoso llamado Maushop, que vivía junto a muchos otros seres mágicos. Una de las criaturas mágicas que era la mejor amiga de Maushop era una rana gigante que podía saltar tan alto como la montaña más alta. Maushop era tan poderoso y tenía unos músculos tan grandes que, cuando movía los brazos, su ropa solía reventar alrededor de sus abultados bíceps. Los wampanoag querían a Maushop porque, aunque era grande y fuerte, era amable y nunca le hacía daño a nadie.

Maushop vivía una vida de emociones y aventuras. Nadaba en la bahía de Popponesset en los calurosos días de verano, balanceando su brazo de molino mientras chapoteaba en el agua fría. Por la noche, encendía enormes hogueras en la playa que podían verse desde 1.000 millas de distancia. Maushop utilizaba estos fuegos para cocinar ballenas y otras criaturas marinas porque su enorme cuerpo le daba un apetito descomunal. La asombrosa vida de Maushop hizo que el pueblo Wampanoag lo amara aún más, por lo que se hicieron grandes amigos.

Maushop comenzó a ayudar a los wampanoag con sus tareas diarias'

Maushop empezó a ayudar a los wampanoag en sus tareas diarias. Cuando necesitaban fuego, cargaba grandes haces de pesada leña sobre su espalda, y cuando tenían hambre, se zambullía en las profundidades del océano para arrear ballenas hasta la orilla para ellos. Maushop empezó a hacer tanto por la gente que se volvieron perezosos y se pasaban todo el día sentados sin hacer nada.

Kehtean, el Gran Espíritu, vio esto y se disgustó con el comportamiento de los humanos. El Gran Espíritu sabía que todos debían hacer su parte para que el Círculo de la Vida fuera fuerte e inquebrantable. Con voz atronadora, llamó a Maushop, que se levantó y corrió hacia él inmediatamente. Kehtean le explicó que, aunque Maushop quería a la gente, tenía que dejar de hacer todo por ellos porque su pereza iba a causar problemas a todos los seres vivos del Círculo de la Vida. Cuando una parte del Círculo está desequilibrada, puede hacer que todo se derrumbe, lo que provocaría una catástrofe en toda la tierra.

Maushop comprendió lo que decía el Gran Espíritu, así que decidió abandonar al pueblo que tanto amaba. Se zambulló en el océano, despidiéndose de los wampanoag y de los amigos mágicos que dejaba atrás para emprender nuevas aventuras. Cuando llegó lejos en el océano, casi fuera de la vista de todos los que estaban en la orilla arenosa, el Gran Espíritu lo convirtió en una gigantesca ballena blanca para que pasara sus días explorando el vasto océano.

Maushop se zambulló en el océano y pasó muchos días explorándolo

El mejor amigo de Maushop, la rana gigante, echaría de menos a su amigo, con el que pasaba tanto tiempo viviendo todo tipo de aventuras. Lloraba de pena, temblando de tristeza mientras veía a su amigo nadar en la distancia. Kehtean sintió pena por la rana gigante que lloraba sin parar. Transformó a la rana en una enorme piedra colocada en lo alto del acantilado de Gay Head. Cada vez que los womaponoag miran esta piedra, recuerdan lo mucho que el Gran Espíritu cuida de ellos.

Los wampanoag aprendieron a hacer sus tareas[6]

Ahora que Maushop se había ido, los wampanoag empezaron a rascarse la cabeza, inseguros de qué hacer a continuación porque el gigante lo había estado haciendo todo por ellos durante tanto tiempo. Con el tiempo, empezaron a trabajar juntos y a ingeniárselas. Aprendieron a trabajar con el agua, las criaturas marinas, las plantas y los animales para satisfacer todas sus necesidades. Así es como el pueblo Wampanoag volvió a alinearse con el Círculo de la Vida, ocupando su lugar como los que cuidan de la naturaleza y honrándola con sus oraciones, rituales y actividades respetuosas.

Crea tu propia leyenda

1. ¿Qué lecciones has aprendido de las leyendas de Tiggak, Maushop el Gigante, Tawa y la Mujer Araña?

_____

_____

_____

_____

_____

_____

_____

_____

_____

_____

2. ¿Qué lugar de la naturaleza es tu favorito? ¿El parque, la playa, el bosque o algún otro lugar?

_____

_____

_____

_____

_____

_____

_____

_____

_____

_____

3. Escribe una historia sobre una leyenda creada por ti. Ambienta la historia en tu lugar favorito para pasar tiempo en la naturaleza.

_____

_____

_____

_____

_____

_____

_____

_____

_____

_____

_____

4. Utiliza un cuaderno o una hoja de papel para dibujar tu leyenda yendo de aventura.

5. Recuerda que la aventura debe enseñarle a la gente una importante lección que quieras que aprenda, como la valentía, la paciencia, la bondad, el amor o el cuidado de la naturaleza.

Capítulo 2: Valor y liderazgo de los nativos

La historia de los nativos americanos está plagada de historias tejidas con hilos de valor, sacrificio y triunfo. Por todos es sabido lo que sufrieron los indígenas americanos a manos de los colonos procedentes de otras tierras; sin embargo, este hecho no quita mérito a las victorias que consiguieron en un intento de proteger su tierra y su patrimonio. Sus historias están repletas de líderes que desafiaron las adversidades y se enfrentaron a un enemigo que los superaba en armamento y tácticas de guerra para preservar su cultura.

Sus historias están repletas de líderes que desafiaron las adversidades y se enfrentaron a un enemigo[7]

En este capítulo, te encontrarás encapsulado con los relatos de dos de los líderes más famosos que se conocen en la historia de los nativos americanos: líderes que grabaron su impacto en las jóvenes mentes de las generaciones que los sucedieron.

Jefe Toro Sentado, el célebre líder de los sioux lakota hunkpapa

El líder espiritual y militar de los guerreros sioux es conocido por su infame victoria contra el general George Armstrong Custer en la batalla de Little Bighorn. Su fama llegó aún más lejos tras participar en el popular espectáculo del Salvaje Oeste con Bill Cody. Sin embargo, su historia es mucho más que la de un líder victorioso y una celebridad de poca monta. Entonces, ¿quién es Toro Sentado?

Toro Sentado. El líder espiritual y militar de los guerreros sioux[8]

Vida e historia

El líder Hunkpapa Lakota nació en 1831 en la tierra que ahora se conoce comúnmente como Dakota del Sur, cerca del río Grand. Cuando nació, su padre, el jefe, le puso el nombre de «Tejón Saltarín». A su corta edad, parecía tener algunas dificultades en lo que respecta a sus habilidades de combate y no se mostraba muy prometedor a la hora de librar batallas. Por eso lo llamaron «Lento», un nombre provisional por su actitud tranquila y deliberada hasta que pudiera demostrar que era digno de un nombre mejor.

No pasó mucho tiempo antes de que el joven guerrero consiguiera deshacerse del título que le habían dado. A la temprana edad de 10 años, consiguió matar a su primer búfalo y, cuando sólo tenía 14, se vio envuelto en una pelea con indios crow. Durante la pelea, *Lento* consiguió golpear a uno de los guerreros enemigos con un bastón de golpe, una maniobra llamada "golpe de conde". Como resultado, fue premiado con una pluma de águila que lució orgulloso en la cabeza y fue rebautizado como «Tantanka Yotanka», que se traduce como Toro Sentado o Toro Búfalo que se sienta.

En aquel momento, el joven ya había demostrado que poseía las cuatro virtudes lakota: sabiduría, valentía, generosidad y fortaleza.

Más adelante, se unió a las sociedades Silent Eaters, Kit Fox Warrior Society y Strong Heart, todas ellas con el bienestar de la tribu como principal prioridad. Ayudó a ampliar los cotos de caza de los sioux a los territorios occidentales que antes poseían y habitaban los crow, los shoshone, los assiniboine y otros.

Toro Sentado fue el líder de toda la nación Lakota Sioux, un cargo que nunca nadie había ocupado, y fue muy firme en sus opiniones de evitar todo tipo de enfrentamiento con el hombre blanco cuando otros parecían ansiosos por hacer lo contrario. Afirmó célebremente: «No he visto nada que tenga el hombre blanco... que sea tan bueno como nuestro derecho a vagar y vivir en las llanuras abiertas como queramos».

El feroz líder ganó prominencia espiritual durante su época como líder de los lakotas. A menudo recibía visiones de Wakan-Tanka, "el Espíritu de Todas Partes", que muchos seguidores afirmaban que **SÍ** se habían hecho realidad. No mucho después, añadió oficialmente "líder espiritual" a los muchos otros títulos que se había ganado.

La batalla de Little Bighorn

La batalla de Little Bighorn'

Toro Sentado no era ajeno a las escaramuzas con el gobierno estadounidense. En junio de 1863, se enfrentó al ejército estadounidense debido a que los agentes federales retuvieron los alimentos de los sioux que residían en las reservas como venganza por el levantamiento de Minnesota.

Volvió a enfrentarse a ellos en julio de 1864, cuando el general Alfred Sully sitió y rodeó uno de los poblados comerciales indios en la batalla de Killdeer Mountain.

Estos enfrentamientos no hicieron más que cimentar la determinación de Toro Sentado de no firmar ningún tratado de paz con el hombre blanco, que pretendía acabar reubicando a su pueblo en una reserva.

Sin embargo, estos ideales no eran unánimes entre todos los líderes indios. En 1868, Nube Roja, jefe de los sioux oglala teton dakota, junto con otros 24 líderes, firmó el Tratado de Fort Laramie con el teniente general William Tecumseh Sherman. El acuerdo declaraba la fundación de la Gran Reserva Sioux, además de concederles tierras adicionales en Nebraska, Wyoming y Dakota del Sur.

La aversión de Toro Sentado por el tratado le valió el favor de sus seguidores y le aportó más aliados (amigos) de las tribus cheyenne y arapaho.

No pasó mucho tiempo antes de que se le diera la razón en sus convicciones. En 1874, se descubrió oro en un lugar sagrado de los sioux en las Colinas Negras, que se encontraba dentro de los límites acordados para la recién fundada reserva. No hace falta decir que todos los acuerdos de paz se fueron al traste en cuanto el hombre blanco se enteró de la noticia de la fortuna desenterrada.

Muchos colonos blancos empezaron a reclamar falsamente las tierras como suyas, mientras que el gobierno estadounidense no se privó de apoyar sus reivindicaciones ilegales. Declararon nuevas fronteras en junio de 1876 y empezaron a amenazar a los sioux, que se negaban a marcharse.

Entre los que debían trasladarse estaban los miembros de la aldea de Toro Sentado, a los que se les pidió que abandonaran sus hogares y recorrieran 240 millas en medio de un frío implacable.

Manteniendo su postura y negándose a abandonar su tierra ancestral, Toro Sentado comenzó los preparativos para un enfrentamiento con el gobierno estadounidense. En junio de 1876, consiguió una victoria contra el general George Crook con un grupo que incluía arapahos, sioux y cheyennes. A continuación, trasladó su ejército al valle de Little Bighorn, donde tuvo lugar su infame batalla.

Mientras acampaba en Little Bighorn, Toro Sentado participó en la Danza Ceremonial del Sol, donde al parecer bailó durante 36 horas seguidas y se hizo 50 cortes de sacrificio en los brazos justo antes de entrar en trance espiritual. Durante el trance, tuvo una visión en la que veía soldados estadounidenses que descendían del cielo como saltamontes. Creyó que era una señal de una próxima victoria sobre sus opresores.

No se equivocaba. El 25 de junio, el general George Custer condujo a unos 300 hombres (las cifras varían de un relato a otro) al valle, donde se encontró con 3.000 nativos en el campo de batalla. Toro Sentado, mayor que la edad normal para combatir, se encargó de la seguridad de las mujeres y los niños, al tiempo que cedía el liderazgo del ejército a Caballo Loco. Sus dos sobrinos, Toro Blanco y Toro Único, participaron en la batalla, protegidos por la medicina de su tío. Los sioux lucharon con valentía y acabaron con todas las fuerzas del ejército del general Custer en una rápida victoria, más tarde conocida como *La Última Batalla de Custer*.

Las secuelas

Como consecuencia de la victoria, el gobierno estadounidense se sintió despreciado y humillado, por lo que redobló su persecución sobre los hombres sioux. Los colonos blancos empezaron a atentar contra el sustento de los sioux matando los rebaños de búfalos de los que dependían para sobrevivir.

A cambio, Toro Sentado decidió sabiamente proteger a su grupo conduciéndolo a Canadá en mayo de 1877. Sin embargo, ante la escasez de alimentos, el jefe se vio obligado a hacer un trato con el ejército estadounidense, donde se entregó a cambio de la absolución de su pueblo. Como resultado de su sacrificio, permaneció prisionero en Fort Randall, en Dakota del Sur, durante dos años, y luego fue enviado a la reserva de Standing Rock.

Wilma Mankiller: La primera Jefa Principal de la Nación Cherokee

Wilma Mankiller es famosa por ser la primera jefa indígena de la nación Cherokee[10]

Wilma Mankiller es una inspiración y una heroína moderna para muchos jóvenes del siglo actual, tanto de ascendencia indígena como de otros orígenes. Wilma es famosa por ser la primera jefa indígena de la nación Cherokee. Fue la primera mujer elegida para ascender al puesto de jefe en una de las principales tribus nativas. Si estás acostumbrado a llevar calderilla en el bolsillo, puede que te resulte familiar: fue homenajeada junto a otras pioneras apareciendo en una serie de monedas de 25 centavos. Pasó la mayor parte de su vida luchando por los derechos de los indígenas americanos.

Sus primeros años

Mankiller nació en Tahlequah, Oklahoma, la capital del país, el 18 de noviembre de 1945. Tenía diez hermanos que compartían el mismo nombre, que en la cultura cherokee se traducía en algo parecido a Capitán o Mayor. El nombre hacía referencia al cargo de una persona que vigilaba a la población cherokee y sus aldeas.

Durante su infancia, Wilma vivió en un hogar sencillo, sin electricidad, fontanería ni medios de comunicación como el teléfono.

Wilma fue trasladada con su familia, de 10 y 11 años, como parte de la estrategia de reubicación de la Oficina de Asuntos Indígenas a un barrio de bajos ingresos de San Francisco. A menudo describía este traslado como su propio camino de lágrimas, como la reubicación de sus antepasados cherokee de Tennessee en el Sendero de las Lágrimas en la década de 1830.

El gobierno aprobó varias leyes, incluida la de reubicación de las tribus autóctonas, con la intención de vender sus tierras de reserva y disolver sus asentamientos. Las leyes se aprobaron con el pretexto de atraer a los nativos a las grandes ciudades con la promesa de mejores oportunidades y empleos cuando, en realidad, se trataba de un esfuerzo por asimilarlos a la cultura estadounidense y borrar la suya propia.

Estos proyectos de ley también provocaron el cierre de más de 100 tribus y la eliminación de alrededor de 1,3 millones de acres de tierras nativas. Se aseguraron de cerrar las instalaciones sanitarias y algunas escuelas de las reservas. La mayoría de los nativos que decidieron trasladarse sufrieron pobreza y unas condiciones de vida horribles, y les resultó muy difícil acostumbrarse a la vida en la ciudad.

Activismo de Mankiller

Wilma protagonizó su primer acto audaz de activismo en 1969. Participó en la manifestación del Movimiento Indio Americano en Alcatraz, donde reclamaron un «derecho de descubrimiento» sobre la prisión federal situada en la bahía de San Francisco. Esta ocupación duró 18 meses. La revocación de las medidas de cierre y el restablecimiento de las instituciones culturales y las escuelas de la isla de los nativos americanos constituían la suma total de las reivindicaciones.

La Bandera del Movimiento Indio Americano[11]

Se propuso devolver el poder y el orgullo a las comunidades nativas. Se convirtió en directora del Centro de Jóvenes Nativos Americanos de California, con el objetivo de apoyar y proteger a los jóvenes nativos de la vida en la calle.

Mankiller ayudó a los indígenas enseñándoles los entresijos de la protección y el ejercicio de los derechos de los tratados y la soberanía tribal durante la disputa judicial entre Pacific Gas and Electric y la tribu Pit River. Estos conocimientos viajaron con ella cuando regresó a su hogar cherokee.

En 1977, Mankiller se había convertido en madre soltera y divorciada de dos niñas, y vivía en su Oklahoma natal junto a un arroyo en su automóvil.

Estaba ansiosa por trabajar y consiguió un puesto como coordinadora de estímulo económico de la Nación Cherokee. Este puesto le permitió crear el Departamento de Desarrollo Comunitario de la Nación Cherokee.

Su fundación se centró en mejorar las condiciones de vida y apoyar a la nación Cherokee. Su primer proyecto fue en Bell, Oklahoma, donde 200 nativos vivían en la pobreza y sin acceso al agua. Gracias a su capacidad para organizar a los trabajadores y conseguir financiación suficiente, consiguieron construir una línea de agua de 16 millas de longitud en sólo 14 meses. Esta hazaña inspiró la película «La palabra cherokee para el agua».

Logros y reconocimientos

Al asumir el cargo en 1985, Wilma se convirtió en la primera mujer Jefe Principal de la Nación Cherokee. Desempeñó su cargo durante 10 años, ocupándose de 140.000 miembros y teniendo a su cargo un presupuesto de 75 millones de dólares, que alcanzó los 150 millones al final de su mandato. Durante su mandato, el número de miembros de la tribu se duplicó, pasando de 68.000 a 170.000. Como jefa de la tribu, fue la guardiana de tradiciones y códigos legales cherokees centenarios.

Más tarde creó un centro de prevención del consumo de drogas y abrió tres clínicas rurales de atención sanitaria.

Participó en la creación de la Oficina de Justicia Tribal del Departamento de Justicia de Estados Unidos. Durante su mandato, la mortalidad infantil disminuyó considerablemente y los logros educativos aumentaron en la comunidad cherokee.

En 1987 recibió el premio a la Mujer del Año de la revista MS Magazine.

En 1993 ingresó en el Salón Nacional de la Fama de la Mujer y en 1998 recibió de manos del presidente Bill Clinton la Medalla Presidencial de la Libertad, la más alta condecoración civil del país. "Mankiller: Una jefe y su gente", su autobiografía, fue publicada en 2000.

Wilma Mankiller perdió su batalla contra el cáncer de páncreas a los 64 años el 6 de abril de 2010. Dejó un legado de fuerza y resistencia para los jóvenes nativos que vinieron después de ella.

Cuestionario de conocimientos

1. ¿Cuál era el nombre de nacimiento del Jefe Toro Sentado y cómo se ganó el nombre de Toro Sentado?

2. ¿Quién lideró la carga en la batalla de Little Bighorn?

3. ¿Cómo se llamaba el general estadounidense contra el que luchó Toro Sentado en la batalla de Killdeer Mountain?

4. ¿Dónde nació Wilma Mankiller?

5. ¿Por qué se trasladó la familia de Mankiller a San Francisco?

6. ¿Cuándo regresó Mankiller a Oklahoma?

Capítulo 3: Cuentos de la tierra y el cielo

La gente lleva mirando las estrellas desde hace miles y quizá millones de años. Intenta contar las estrellas del cielo. Verás que parecen eternas. Las interminables estrellas del cielo le recuerdan a la humanidad lo pequeños que somos en comparación con el universo. Desde el principio de los tiempos, la humanidad ha mirado al cielo para contar historias. Las estrellas, la luna, el sol y los planetas han susurrado historias que se mantienen vivas hasta el infinito, y los pueblos indígenas de Norteamérica han conservado muchos de los cuentos que el universo les ha contado.

La gente lleva mirando las estrellas desde hace miles y quizá millones de años[12]

La Osa Mayor y los Siete Pájaros

Esta historia trata de la Osa Mayor y de la constelación que los antiguos romanos y griegos llamaban Corona Borealis. En Estados Unidos, estos patrones en el cielo reciben distintos nombres. La Nación Opaskwayak Cree llamaba a la Osa Mayor «Mista Muskwa», que significa Osa Mayor. A la Corona Boreal la llamaban "Tepahkoop Pinesisuk", o los Siete Pájaros.

La historia de cómo la Osa Mayor y los Siete Pájaros volaron a los cielos es antigua. Hace mucho tiempo, había osos gigantes que recorrían la faz del planeta. El suelo temblaba y el polvo llenaba el aire con la fuerza de sus enormes zarpas que golpeaban el suelo con un estruendoso "¡BOOM!".

Los osos gigantes eran tan grandes y fuertes que todos los demás seres vivos de la Tierra les temían. Los osos utilizaban su increíble poder para intimidar a todo el mundo y conseguir lo que querían. El líder de estos malvados osos era la Osa Mayor. Cada vez que entraba en un pueblo nuevo, quería ofrendas de sus habitantes. Se volvió tan poderosa que dejó de pedir ofrendas y se llevaba todo lo que sus enormes brazos podían cargar.

La Osa Mayor no sentía amor ni afecto por los demás seres vivos. Arrasaba una aldea y aplastaba a cualquiera que intentara detenerla. A veces, se comía todas las provisiones de invierno de una aldea para que se murieran de hambre y sufrieran durante los meses fríos. Tras años de sufrir el acoso de la Osa

La Osa Mayor no tenía amor ni afecto en su corazón por los demás seres vivos[13]

Mayor, un grupo de ancianos de varias aldeas se reunió para pensar cómo detenerla.

Los líderes de las aldeas eligieron entre ellos a siete de los mejores cazadores y rastreadores. Éstos resultaron ser los Siete Pájaros, muy hábiles para seguir a cualquier bestia durante miles de kilómetros.

Aunque la Osa Mayor era más grande, los Siete Pájaros trabajaban muy bien en equipo, y por eso eran cazadores tan brillantes.

La Osa Mayor tenía su propio equipo de pájaros que le sirvieron lealmente durante décadas. Estas aves eran la Corneja, el Cuervo y la Urraca. Eran carroñeras, así que seguían a la Osa Mayor a todas partes, comiéndose todas sus sobras. La corneja, el cuervo y la urraca le avisaron a la Osa Mayor de la presencia de los Siete Pájaros, que una mañana se dirigían a toda velocidad a su guarida para atacarla.

Al oír que los Siete Pájaros venían a por ella, la cobarde osa huyó. La persiguieron por toda la Tierra cuatro veces mientras sus gigantescas patas chapoteaban entre las olas del océano, tropezaban por los desiertos más anchos y trepaban por las montañas más altas. En la cuarta vuelta, se movían más rápido que un cohete, así que saltaron por los aires. A la Osa Mayor empezaron a arderle los pulmones y el corazón le latía con fuerza en el pecho, cada vez más cansado. Finalmente, se cansó tanto que se dio la vuelta para enfrentarse a los habilidosos pájaros de caza.

El Petirrojo, o como lo llaman los Opaskwayak Cree, el Pipiciw, que era el más valiente de los Siete Pájaros, se lanzó con el pico por delante, cortando en dos a la Osa Mayor. La Osa lanzó un rugido y se estremeció de dolor, derramando su sangre sobre todas las hojas de los árboles, que por eso cambian de color en otoño. Una gota de sangre cayó sobre el petirrojo, razón por la cual todos los petirrojos de hoy tienen el pecho rojo.

El Creador del universo estaba mirando hacia abajo y observando la persecución y la lucha desde los cielos. Para honrar el linaje de Robin, el Creador les dio huevos moteados que parecían el cielo nocturno para recordarle a la gente este increíble día cuando la Osa Mayor fue derrotada por pequeños pájaros. Luego colocó a los Siete Pájaros y a la Osa Mayor en el cielo para recordarle a la gente de todas las generaciones el valor de los Siete Pájaros. Hoy, la Osa Mayor es la constelación de la Osa Mayor, y los Siete Pájaros son la constelación de la Corona Borealis.

En la actualidad, la Osa Mayor es la constelación de la Osa Mayor [14]

Los niños perdidos

Durante cientos de generaciones, la cultura de los Black Foot ha contado la historia de los niños perdidos. Este cuento trata de lo que ocurre cuando las personas no son amables con los niños que les ha regalado el Gran Espíritu.

Hace mucho tiempo, cerca del principio de la Tierra, seis hermanos no tenían padres. Los niños huérfanos no tenían hogar y cada noche vagaban de un lugar a otro, buscando un nuevo sitio donde recostar la cabeza. Los labios agrietados de sus bocas secas se pegaban mientras sus estómagos clamaban constantemente por comida. No tenían familia, así que rebuscaban en la basura lo poco que tenían, vistiendo las ropas rasgadas que los cazadores viajeros desechaban para aligerar sus cargas.

Jugaban y se acurrucaban con los perros del pueblo. Los perros y los chicos se hicieron grandes amigos y siempre se ayudaban mutuamente en su difícil mundo. Los hermanos compartían a menudo sus camas con los perros para mantenerse calientes en las noches de viento, cuando la brisa fresca rasgaba sus andrajosas ropas.

Nadie en el pueblo trataba a los niños con amabilidad. Los otros niños les tiraban piedras y los perseguían con palos. Se burlaban de sus ropas rotas y se reían de su pelo largo y enmarañado. Una vez al año, cuando empezaba el verano, el pueblo abría la temporada de caza rastreando manadas de búfalos. Les regalaban a los niños del pueblo pieles amarillas de ternero para celebrar su éxito, pero siempre se mostraban fríos con los seis hermanos y no les daban nada.

Cansados de la crueldad con la que la gente del pueblo los había tratado todos esos años, los hermanos empezaron a fantasear con una vida mejor[15]

Cansados de lo cruelmente que la gente de la aldea los había tratado todos esos años, los hermanos empezaron a fantasear con una vida mejor. Estaban decididos a abandonar la aldea y, como la gente los había tratado tan horriblemente, ya no querían ser humanos. Empezaron a discutir sobre en qué debían transformarse.

Uno de los hermanos dijo: "Deberíamos ser flores para poder ser hermosos y que todos admiraran nuestros preciosos colores".

Los otros hermanos respondieron: «Si somos flores, todos los búfalos nos comerán».

"Quizá podamos ser piedras. Son fuertes y nadie puede hacerles daño», sugirió otro hermano. «La gente y los animales nos pisotearán porque las piedras grandes se rompen en piedras más pequeñas», respondió uno de los hermanos.

«Podemos ser agua y fluir hasta donde la tierra pueda llevarnos», dijo uno de los hermanos. «Pero entonces, todos los animales y las personas nos beberán», respondió otro.

Finalmente, al más inteligente de los chicos se le ocurrió la solución perfecta. Podrían ser estrellas porque estarían en lo alto del cielo, lejos de los duros aldeanos. Todos las mirarían para saber el cambio de estación y admirar su belleza. Las estrellas son eternas, así que siempre tendrán un lugar donde quedarse en el cielo.

Un hermano sopló una pluma que los hizo flotar en lo alto del cielo. Les advirtió que cerraran los ojos y nunca miraran atrás. Uno de los hermanos desobedeció obstinadamente y miró al pueblo por última vez. Se transformó en el cometa Estrella Humeante.

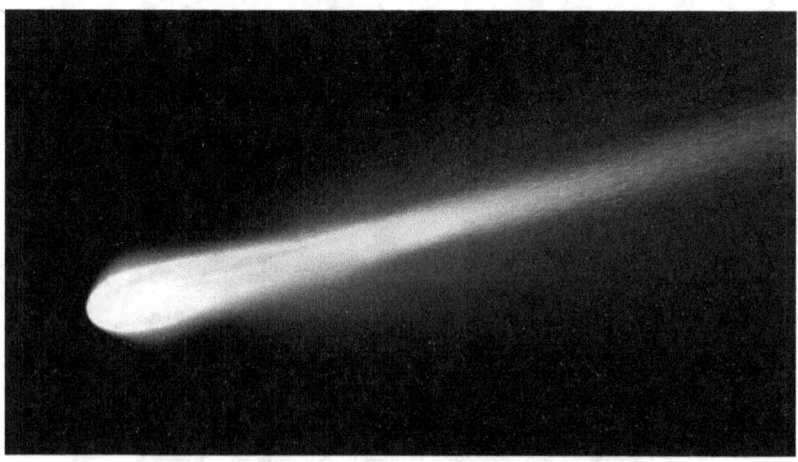

El chico se transformó en el cometa Estrella Humeante[16]

Los chicos se elevaron flotando hacia el mundo superior y aterrizaron en una exuberante pradera verde repleta de todo tipo de plantas aromáticas. Se acercaron al enorme tipi donde vivían el Hombre Sol y su esposa, la Mujer Luna. El Hombre Sol les preguntó por qué habían viajado tan lejos de la Tierra. Le contaron lo crueles que habían sido con ellos los habitantes de la aldea. Mujer Luna lloró con una tristeza desgarradora. Los llamó los Niños Perdidos.

Al Hombre Sol le enfureció el corazón endurecido de la gente. Brilló con fuerza sobre ellos, secando toda el agua y convirtiendo el mundo en un desierto donde nada podía crecer. Todas las plantas, animales y personas estaban hambrientos y sedientos y sólo respiraban polvo. Los perros que se habían hecho amigos de los niños de la aldea aullaban, pidiéndole a la Mujer Luna y al Hombre Sol que se apiadaran de ellos.

El Hombre Sol vio el sufrimiento de todos los animales y se compadeció de ellos porque sólo pretendía castigar a los humanos poco amables. Les envió la lluvia, que devolvió todas las plantas, árboles y ríos a los animales y a las personas. Los Niños Perdidos son ahora las estrellas Pléyades, agrupadas en el cielo, lejos del pueblo, para recordarle a la gente que siempre debe ser amable con los niños. Están rodeadas de muchas estrellas más pequeñas, que son los perros que encontraron el camino de vuelta a sus amigos humanos perdidos.

El cuervo que robó la luz

Esta historia del Cuervo, el astuto embaucador, procede del pueblo haida. En los primeros tiempos de la Tierra, vivía un poderoso jefe que amaba a su hija más que a nada en el planeta. Siempre le hacía regalos para demostrarle cuánto la quería. Un día, el jefe sacó el sol y la luna del cielo y los llevó a su gran tipi como regalo para su hija. Ella saltó de emoción, agradeciéndole a su amado padre este increíble regalo.

Debido a que el sol y la luna estaban ahora encerrados en la casa privada del jefe, el mundo entero estaba negro como el carbón y cubierto por un manto de oscuridad. Nadie podía cazar ni pescar porque era demasiado difícil ver. O iban dando tumbos, tropezando con todo, o se arrastraban sobre manos y rodillas para tantear el terreno.

El cuervo era el más inteligente de todos los pájaros[17]

El cuervo era el más inteligente de todos los pájaros. Dijo que iría a rescatar la luna y el sol del jefe. El cuervo trató de seducir al jefe con sus elegantes palabras, pero el testarudo líder no quería darle ni el sol ni la luna porque hacían muy feliz a su hija. El cuervo sabía que tendría que idear un plan.

Una noche, cuando la hija del jefe fue al río a beber agua, el cuervo se transformó en un pececillo y se zambulló en su copa. La hija no se dio cuenta de que era un pez pequeño y se lo tragó entero. El cuervo empezó a crecer en su vientre, transformándose en un bebé, y la hija dio a luz a un niño llamado Cuervo. Cuando Cuervo creció, le pidió a su abuelo el sol y la luna, que el cariñoso jefe le dio abiertamente a su nieto. Cuervo devolvió el sol y la luna al cielo para que el pueblo pudiera volver a cazar bajo la luz de la luna y del sol.

Cuestionario "Tira a las estrellas"

Escribe la letra con la respuesta correcta a cada pregunta. Las respuestas están al final de la prueba. No revises antes de completar el cuestionario. Cuando hayas terminado, comprueba tus respuestas para ver lo bien que lo has hecho.

1. ¿Cuál es la moraleja de la historia de la Osa Mayor y los Siete Pájaros?

    a. Si trabajas en equipo, puedes superar grandes retos.

    b. A y C.

    c. Nunca debes usar tu poder para intimidar a los demás.

    d. Si entrenas duro, podrás correr rápido.

2. ¿Cuál es el nombre de la Osa Mayor en la lengua Cree Opaskwayak?

    a. Tepahkoop Pinesisuk.

    b. Tigguk.

    c. Flor.

    d. Mista Muskwa.

3. ¿Con qué nombre se conoce también a la constelación Corona Borealis en la nación Cree Opaskwayak?

    a. La Osa Mayor.

    b. Tepahkoop Pinesisuk.

    c. Mista Muskwa.

    d. The Small Dipper.

4. ¿Por qué los seis hermanos huyeron del pueblo en la historia de Los niños perdidos?

    a. La gente del pueblo no fue amable con ellos.

    b. No les gustaba el sabor del búfalo.

    c. Los perros del campamento siempre los mordían.

    d. Querían ver qué tan rápido podían correr.

5. ¿Qué hizo el Hombre Sol para castigar a los humanos en la historia de Los Niños Perdidos?

    a. Inundó el pueblo.

    b. No hizo nada.

    c. Provocó una sequía y secó el mundo, por lo que la gente tenía hambre y sed.

    d. Hizo que los mosquitos picaran a la gente mientras dormía.

6. ¿Qué tan grande era la nueva casa en la que los Niños Perdidos durmieron con el Hombre Sol y la Mujer Luna, su esposa?

    a. Del tamaño del Gran Cañón.

    b. Tan grande como el cielo.

    c. Alta como un rascacielos.

    d. Tan grande como la mansión de un famoso.

7. ¿De qué nación indígena proviene la historia de Los niños perdidos?

    a. Cheyenne.

    b. Apache.

    c. Cherokee.

    d. Black Foot.

8. En el cuento "El cuervo que robó la luz", ¿qué le sucedió a la gente cuando el jefe puso por primera vez el sol y la luna en su casa?

    a. Se hizo tan de noche que nadie podía cazar ni pescar.

    b. Los niños no podían estudiar.

    c. Hacía frío fuera.

    d. Todo el mundo tenía miedo a la oscuridad.

9. ¿Qué habilidad usó el Cuervo para recuperar el sol y la luna?

    a. Fuerza y valentía.

    b. Inteligencia y astucia.

    c. Amor y cuidado.

    d. Belleza.

10. ¿De qué nación indígena proviene la historia de "El cuervo que robó la luz"?

    a. The Haida.

    b. Black Foot.

    c. The Pueblo.

    d. Los Aztecas.

Capítulo 4: El espíritu del búfalo: Historias de comunidad

Los nativos americanos siempre supieron lo importante que era respetar a los demás seres vivos. Sus historias hablan de cómo, en la naturaleza, todos y todo está conectado y depende de los demás. Este capítulo te trae dos cuentos sobre la criatura con la que los nativos americanos tienen una poderosa conexión: el búfalo.

Sus historias hablan de cómo, en la naturaleza, todos y todo está conectado y depende de los demás[18]

La primera historia trata de una bella joven enviada como mensajera para enseñarle a los lakota a convivir pacífica y felizmente. La segunda historia muestra cómo las tribus de las Llanuras explican el origen de la caza del búfalo, la actividad que los ayudó a sobrevivir y a construir comunidades fuertes.

La leyenda lakota de la Mujer Búfalo Blanco

Algunas tribus de nativos americanos consideraban al búfalo un regalo inestimable de su creador. Así lo confirman varias historias, pero ninguna es tan fascinante como la Leyenda Lakota de la Mujer Búfalo Blanco.

La historia comienza con dos jóvenes lakotas a los que se les encomendó una tarea muy importante. Se les pidió que buscaran a los búfalos porque la tribu no sabía dónde vivían estos animales.

Así que los dos jóvenes fueron enviados a explorar la tierra a caballo. No llevaban ni una hora cabalgando cuando vieron algo que se les acercaba desde una gran distancia. Pudieron ver de qué se trataba y, como pensaron que podía ser un búfalo u otro animal peligroso, saltaron a los arbustos cercanos para esconderse.

Mientras esperaban en su escondite, se dieron cuenta de que la figura que se les acercaba era una hermosa mujer. Llevaba un manojo de salvia en los brazos. Ella también los vio, ya que los arbustos no eran lo bastante espesos como para ocultarlos. La mujer se detuvo frente al arbusto y miró a los dos jóvenes. Su belleza los exaltó. Uno de ellos incluso dijo que le

Los dos hombres se dieron cuenta de que la figura que se les acercaba era una hermosa mujer[19]

gustaría casarse con la mujer porque era la más bella que había visto en su vida. Sin embargo, el otro dijo que la belleza de la mujer significaba que era santa y que estaba por encima de la gente común.

La mujer oyó hablar a los dos hombres mientras se acercaba aún más a ellos. Cuando estuvo justo delante del arbusto, dejó en el suelo el manojo de salvia que llevaba e hizo señas a los jóvenes para que se acercaran a ella. Les preguntó qué deseaban.

El hombre que dijo que quería casarse con la mujer se dirigió inmediatamente hacia ella y puso sus brazos sobre los de ella, reclamándola. De repente, el cielo se oscureció y el viento se levantó, creando un torbellino y una nube de polvo que hizo desaparecer al hombre y a la mujer. Luego, el viento se calmó, el polvo se asentó y la mujer apareció donde estaba antes. Llevaba de nuevo el manojo de salvia en los brazos, pero el hombre había desaparecido. En su lugar, sólo había un montón de huesos en el suelo.

El otro hombre no se asustó, sino que quedó asombrado ante el poder de esta mujer. Entonces, la mujer le dijo que iba a visitar a su tribu. Instó a Toro Erguido, un joven lakota, a que regresara a su tribu y les informara a los demás de que ella estaba de camino porque quería reunirse con él.

También le ordenó que les pidiera a los demás que se reunieran y volvieran a colocar sus tiendas en círculo.

Además, debían dejar un hueco en el círculo apuntando al norte. La mujer concluyó diciendo que tenía la intención de reunirse con Toro Erguido en el tipi más grande situado en el centro del círculo.

El joven se apresuró a llegar a casa e inmediatamente contó lo que le había ordenado la bella mujer. Los demás siguieron las indicaciones y esperaron su llegada. Cuando la mujer llegó al campamento, llevaba consigo el manojo de salvia. Al entrar en el círculo, reveló que ocultaba algo bajo el fardo. Había traído una pequeña pipa hecha de una piedra de color rojo vivo como regalo para la tribu. Tenía la silueta de un búfalo.

La mujer le regaló la pipa a Toro Erguido y le prometió que le enseñaría a rezar al Creador.

Le dijo que siempre que rezara al Creador para pedirle ayuda, debía utilizar la pequeña pipa en la ceremonia.

La mujer también le reveló que la pipa tenía una capacidad mágica. Cuando la tribu tenía hambre, debían colocar la pipa en el aire, y ésta invocaría a los búfalos cercanos a su territorio. De este modo, los cazadores podrían proporcionar comida a sus familias.

La pipa convocaba a los búfalos cerca de su territorio[20]

La mujer tenía otra lección que enseñarle a la gente. Le explicó a Toro Erguido que la Tierra en la que vive la gente es su madre. Para que todos puedan vivir y utilizar la Tierra en paz, deben respetar a la Madre Tierra y a los demás.

Además, la mujer instruyó a la tribu para que se vistiera como la Madre Tierra en las ceremonias y les enseñó oraciones que podían recitarle.

Debían vestirse con los tonos que pueden observar en la naturaleza, que son el blanco, el marrón, el rojo y el negro. Además, descubrirían rápidamente que estos tonos coinciden con los del búfalo.

Por último, la bella mujer le recordó a la tribu que siempre debían fumar la pipa antes de las ceremonias y antes de firmar un tratado. Dijo que ayudaría a traer la paz porque fumar la pipa haría que todos estuvieran más tranquilos. Con una mente más calmada, podrían tomar mejores decisiones y centrarse en pedir bendiciones al Creador y a la Madre Naturaleza. Si pidieran algo con la ayuda de la pipa, seguro que lo recibirían.

Tras pronunciar las últimas palabras, la bella mujer se dio la vuelta y, saliendo del círculo, comenzó a alejarse lentamente mientras la tribu la observaba atónita, con los ojos brillantes de gratitud. De repente, se detuvo y se tumbó en el suelo. Al levantarse, se transformó en una vaca búfalo negra. Se levantó como una vaca búfalo roja y volvió a tumbarse.

Se transformó en una vaca búfalo marrón cuando se tumbó por tercera vez y en una vaca búfalo blanca cuando se tumbó por cuarta vez.

El búfalo blanco se alejó de la gente y desapareció por las colinas del norte.

A partir de ese día, Toro Erguido siguió sus instrucciones. Llevaba consigo la pequeña pipa roja envuelta, y sólo la desenvolvía cuando llegaba el momento de reunir a la tribu y comenzar una ceremonia. Antes de cada lección, rezaba las oraciones que la mujer le había enseñado.

Con el tiempo, Toro Caminante envejeció y se debilitó demasiado para celebrar ceremonias. Tenía más de 100 años y sabía que había llegado el momento de ceder la tarea a otro miembro de la tribu. Eligió a Amanecer, un hombre sabio que estaba encantado de aprender las oraciones y llevar la pipa. Cuando le llegó la hora de retirarse, volvió a pasar la pipa y las lecciones a un miembro joven y digno de la tribu, y así ha pasado de generación en generación desde entonces. Y, tal y como prometió la mujer, la pipa trajo felicidad y paz a la tribu.

¿Crees que la pipa ha fortalecido su comunidad? Si es así, ¿cómo? ¿Qué hizo que este regalo fuera tan poderoso?

¿Alguna vez has recibido o hecho un regalo que te haya ayudado a acercarte más a alguien?

La historia de cómo empezó la caza del búfalo

Las tribus de la llanura siempre fueron conocidas por su unida comunidad[21]

Las tribus de la llanura siempre fueron conocidas por su unida comunidad. En estas cálidas comunidades, los niños hacían sus tareas obedientemente, los adultos velaban por ellos y todos se cuidaban mutuamente.

Algunos eran cazadores y agricultores, otros guerreros, y algunos hacían un poco de todo. Algunas tribus se desplazaban durante el verano y el invierno, pero tenían un hogar al que regresar en primavera, cuando plantaban sus cultivos, y de nuevo en otoño, cuando éstos estaban listos para la cosecha.

Una de las actividades que forjaron las comunidades de las tribus de las llanuras fue la caza. Les gustaba especialmente cazar búfalos, y tenían muchas formas interesantes de atrapar a estos grandes y poderosos animales. Por ejemplo, a veces los perseguían hasta que el animal se detenía por agotamiento. Otras, se hacían pasar por jóvenes búfalos que pedían ayuda desesperadamente para atraer a un adulto y alejarlo de su manada.

La mayoría de las tribus utilizaban las distintas partes del búfalo para fabricar alimentos, ropa y otros artículos domésticos, implicando una vez más a toda la comunidad en la elaboración de estos productos.

Sin embargo, según sus leyendas, las tribus no siempre cazaron búfalos. La historia de cómo empezó la caza de este magnífico animal es un relato único de comunidad.

Hace mucho tiempo, no era la gente la que cazaba al búfalo, sino al revés. Los búfalos -con la potencia de 20 toros y una sorprendente velocidad de más de 50 kilómetros por hora- son criaturas malhumoradas. Si estuvieran de mal humor, atacarían y se comerían a la gente.

Para mantener la paz entre las personas y los búfalos, dos aves - el halcón y la urraca - hacían todo lo posible por mantener a los animales alejados de la gente. Sin embargo, esto no fue suficiente. Al final, decidieron que todos los animales y las personas participarían en una carrera y que los ganadores se comerían a los perdedores.

Por supuesto, los grandes y confiados búfalos se mostraron encantados de correr, aunque sabían que el recorrido era un largo sendero alrededor de una peligrosa montaña. Neika, el más valiente de los búfalos, corrió primero.

La gente era más prudente porque sabía que se cansaría mucho más rápido. Sin embargo, tenían un plan para evitar que el cansancio los agotara y se rindieran antes de llegar a la meta. Al fin y al cabo, había mucho en juego y corrían el riesgo de ser devorados por los búfalos y otros temibles animales. Así que se pusieron a buscar una medicina secreta que les diera fuerzas para vencer a los demás y llegar primero a la meta.

Mientras tanto, los demás animales también se preparaban para la carrera. Algunos se pintaban con colores vivos. La urraca se pintó la cola, los hombros y la cabeza de blanco, y todos los animales de aspecto sencillo mantuvieron su colorido brillante.

Cuando todos estuvieron listos, se alinearon en la línea de salida. Alguien dio la señal y comenzó la carrera. Mientras corrían, Neika tomó la delantera, con la urraca, el halcón y la gente detrás de ella. El resto, como las escurridizas serpientes, los juguetones conejos, los zumbadores insectos, los astutos, pero no lo bastante rápidos lobos, las diligentes pero diminutas hormigas y los demás pájaros de colores, seguían a los líderes muy por detrás. A pesar de su desventaja, todos los animales intentaban animarse a correr más deprisa. Los lobos aullaban, los insectos batían las alas más deprisa, los pájaros cantaban, y así sucesivamente. ¡Era, sin duda, una carrera fascinante de ver!

Cuando se acercaron a la ladera de la montaña, levantaron tanto polvo que ninguno fue capaz de verse, por lo que sólo pudieron concentrarse en sí mismos. La urraca y el halcón sabían que podían volar más rápido y alcanzar a Neika, pero prefirieron conservar sus fuerzas hasta que estuvieron cerca de la meta. Entonces, simplemente pasaron a Neika y ganaron la carrera. Mientras hacían sus círculos de victoria sobre el hipódromo, se dieron cuenta de que muchos animales habían caído. Sin embargo, estaban contentos porque no tenían intención de comerse a nadie. Sólo querían ayudar a la gente y evitar que los búfalos los cazaran.

Cuando los dos pájaros le dijeron a la gente que habían ganado la carrera en su nombre, decidieron empezar a cazar y a comerse a los búfalos. Los búfalos se enteraron y les ordenaron a sus crías que se escondieran para salvarlos. Sin embargo, antes de permitir que las crías se escabulleran, les dijeron que tomaran un poco de la carne humana sobrante y se la pusieran delante del pecho. Los jóvenes búfalos así lo hicieron y fueron a esconderse mientras la gente comenzaba su cacería. Perdonaban a los jóvenes hasta que crecían y luego los cazaban a ellos también, utilizándolos a todos excepto a los trozos de carne que llevaban delante del pecho. Hoy en día, esta parte del búfalo no se utiliza porque se dice que procede de los humanos y no de los animales.

Cuando los dos pájaros le dijeron a la gente que habían ganado la carrera en su nombre, decidieron empezar a cazar y a comerse a los búfalos[22]

La gente vio que ninguno de los otros animales se les oponía, así que les perdonaron hasta el último. Los acogieron en sus vidas, formando una gran comunidad feliz. Sólo les pidieron a los pájaros algunas de sus plumas caídas para utilizarlas en tocados y otros adornos tradicionales.

¿Qué te parece la inteligente forma en que la urraca y el halcón salvaron al pueblo? ¿Y qué te parece la decisión del pueblo de perdonar a las otras criaturas y acogerlas en su comunidad?

¿Crees que es importante acoger a los demás en tu vida? ¿Por qué?

Verdadero o falso

Lee atentamente las siguientes frases. Algunas son verdaderas, otras no. ¿Puedes elegir cuáles son verdaderas?

- Los lakota no sabían dónde vivían los búfalos.

- La hermosa mujer dijo que les llevaría un regalo a los Lakota.

- La mujer se transformó cuatro veces, mostrando los cuatro colores del búfalo.

- Los lakota se habían olvidado de la pipa.
- La gente y los búfalos vivieron siempre en paz.
- La urraca y el halcón estaban del lado de la gente.
- Todos los animales tenían colores vivos antes de la carrera.
- La gente empezó a cazar búfalos después de la carrera.

Capítulo 5: Visiones de esperanza y futuro: Profecías

Muchos famosos profetas llevan generaciones prediciendo un futuro fascinante o un destino sombrío. Como la mayoría de las demás culturas y religiones, los nativos americanos también tienen profetas que muestran visiones tanto de esperanza como de fatalidad. Muchas de sus profecías se centran en esta última, pero, curiosamente, también aportan esperanza. Conocerlas es como sumergirse en un pozo sin fondo y salir ileso.

El pueblo hopi pertenece a distintas tribus del noreste de Arizona, pero la mayoría se identifica con la tribu hopi de Arizona[33]

La profecía Hopi

El pueblo hopi pertenece a distintas tribus del noreste de Arizona, pero la mayoría se identifica con la tribu hopi de Arizona. La tribu hopi es una nación soberana de Estados Unidos, lo que significa que se gobierna a sí misma.

Uno de los aspectos más distintivos de la cultura hopi son sus prácticas religiosas con kachinas. Se cree que las criaturas espirituales conocidas como kachinas simbolizan muchas facetas del mundo natural, los espíritus y los antepasados.

Las ceremonias hopi con kachinas se celebran a lo largo del año para garantizar el bienestar de la comunidad, promover la fertilidad y atraer la lluvia para que florezcan las cosechas. La Profecía Hopi tiene su origen en uno de estos seres espirituales.

Según su tradición, la Estrella Azul Kachina (también conocida como Saquasohuh) representa la llegada del fin del mundo o un periodo de transición importante (un apocalipsis). Saquasohuh es un poderoso ser espiritual que aparecerá como una brillante estrella azul en el cielo, acontecimiento que anunciará grandes cambios en la Tierra.

No se refiere a las estrellas azules que ya existen en el cielo nocturno, como las de la constelación de Orión. Muchos creen que Saquasohuh será más brillante que la más brillante de las estrellas, y otros dicen que será tan grande como una montaña.

Se cree que la llegada de esta estrella traerá purificación y un despertar espiritual. Esta gran transformación no será necesariamente rápida y tranquila. Algunas de las profecías Hopi predicen la aparición de la Estrella Roja Kachina poco después de Saquasohuh, lo que provocará destrucción, caos y el fin del mundo actual. Será tan grande y brillante como Saquasohuh.

Sin embargo, al igual que anuncian grandes transformaciones y destrucción, fieles a su nombre de profecía Hopi, también dan esperanza. Esta limpieza del mundo puede evitarse manteniendo la armonía con la naturaleza y viviendo bajo principios espirituales. Estos principios incluyen:

- **Conexión con la naturaleza:** Muchas creencias espirituales de los nativos americanos hacen hincapié en una profunda conexión con el mundo natural. La naturaleza se considera sagrada y los seres humanos se consideran parte del medio ambiente, no separados de él. El respeto por todos los seres vivos y por la Tierra constituye la base de sus creencias.

- **Armonía y equilibrio:** El equilibrio es un concepto esencial en su espiritualidad. Esto incluye encontrar el equilibrio dentro de uno mismo y mantener la armonía con los demás y con el mundo natural. El desequilibrio suele considerarse la raíz de la enfermedad, los conflictos y otros problemas.

Hacen hincapié en la interconexión de todas las cosas[24]

- **Interconexión:** Hacen hincapié en la interconexión de todas las cosas. «Cosas» es la palabra clave aquí. No implica simplemente la conexión entre los seres humanos, sino también su conexión con el mundo natural, sus antepasados, el reino espiritual y todo lo demás.

- **Respeto por los ancianos y los antepasados:** Los ancianos ocupan un lugar especial en muchas culturas nativo americanas, ya que se los valora por su sabiduría, experiencia y conexión con la tradición. También se venera a los antepasados, y a menudo se busca su guía y protección a través de rituales y ceremonias, lo que nos lleva al siguiente punto.

- **Ceremonias y rituales:** Las ceremonias y los rituales desempeñan un papel importante en las prácticas espirituales. Pueden incluir rituales de curación, oración, purificación, ritos de paso y honrar los ciclos de la naturaleza. Estos ciclos incluyen los científicos, como el nitrógeno y el agua, y los espirituales, como el nacimiento y la muerte. La música, la danza y la narración son la esencia de sus ceremonias, y se sabe que utilizan objetos sagrados como tambores, plumas y hierbas para llevarlas a buen término.

- **Guardianes y guías espirituales:** Creen en la existencia de guardianes, guías y ayudantes espirituales, pero no siempre son inmateriales o tienen forma espiritual. Pueden adoptar la forma de espíritus animales, antepasados u otros seres que ofrecen protección y ayuda en el viaje espiritual de los pueblos.

- **Respeto por la diversidad:** Sus tradiciones espirituales reconocen y honran la diversidad de creencias y prácticas entre las distintas tribus e individuos. No existe una religión nativo americana única y absoluta: cada tribu tiene sus propias enseñanzas y prácticas espirituales.

- **Vivir en armonía con los ciclos naturales:** Enfatizan la importancia de vivir de acuerdo con los ciclos naturales de la tierra, como el cambio de las estaciones y los ciclos de la luna. Esto puede implicar prácticas como plantar y cosechar en armonía con las estaciones o celebrar ceremonias para conmemorar acontecimientos celestes significativos.

En esencia, la profecía Hopi predice la fatalidad, pero también ofrece soluciones para evitar que suceda. Sorprendentemente, son científicamente relevantes. A lo largo de los años, la negligencia humana hacia la naturaleza ha convertido la amenaza del calentamiento global en un peligro claro y presente. Se ha vuelto más que importante trabajar por la gestión medioambiental y la renovación espiritual, lo cual implica:

Muchas tribus nativo americanas consideran sagrada la tierra y reconocen su conexión espiritual con ella[25]

- **Una relación sagrada con la tierra:** Muchas tribus nativo americanas consideran la tierra sagrada y reconocen su conexión espiritual con ella. Tienen un profundo sentido de la responsabilidad y la protección del medio ambiente, ya que consideran que la Tierra es una entidad viva que merece reverencia y protección.

- **Conocimientos ecológicos tradicionales:** Los pueblos indígenas han acumulado generaciones de conocimientos ecológicos tradicionales (CET) sobre sus ecosistemas locales, incluidas las especies vegetales y animales, los ciclos estacionales y las prácticas de gestión sostenible de los recursos. Estos conocimientos se transmiten oralmente a través de cuentos, ceremonias y prácticas cotidianas.

- **Uso sostenible de los recursos:** Históricamente han practicado un uso sostenible de los recursos, recolectando sólo lo necesario y asegurándose de que los recursos se repongan para las generaciones futuras. Las técnicas tradicionales de caza, pesca, agricultura y recolección implican una cuidadosa observación de los patrones y ciclos ecológicos para evitar la sobreexplotación.

- **Prácticas de conservación:** Han desarrollado numerosas prácticas de conservación para preservar la biodiversidad y mantener ecosistemas sanos. Entre ellas figuran la quema controlada para controlar los bosques, la rotación de los campos agrícolas para evitar el agotamiento del suelo y la creación de zonas protegidas para la fauna salvaje.

- **Prácticas rituales:** Muchas ceremonias y rituales de los nativos americanos están dedicados a honrar a la Tierra y sus ciclos naturales. Incluyen oraciones, ofrendas y gestos simbólicos para expresar gratitud por los dones de la tierra y pedir orientación para vivir en armonía con la naturaleza.

- **Defensa del medio ambiente:** Los pueblos indígenas han estado a la vanguardia de los esfuerzos de defensa (apoyo) del medio ambiente a nivel local y mundial. Muchas tribus han luchado para proteger sus tierras ancestrales de la degradación medioambiental causada por las industrias extractivas, la contaminación y el desarrollo insostenible. Son conocidas por defender el reconocimiento de los derechos sobre la tierra y la incorporación de los conocimientos indígenas a los esfuerzos de conservación.

- **Enfoques comunitarios:** La gestión medioambiental suele estar impulsada por la comunidad, con procesos de toma de decisiones guiados por valores tradicionales, la creación de consenso y la responsabilidad colectiva. Este enfoque aporta un fuerte sentido de solidaridad y colaboración en la protección del medio ambiente para las generaciones futuras.

Esta profecía significa que la naturaleza representa una poderosa fuerza con el potencial de hacer o deshacer el mundo. Si se cuida, construirá un futuro sostenible para todos los seres vivos de este planeta, pero si se utiliza mal, se transformará en una fuerza de muerte y destrucción invitando a Saquasohuh (la Estrella Azul Kachina) a los cielos. En resumen, cuidar de todas las cosas naturales es fundamental para evitar que la profecía Hopi se haga realidad.

La profecía de la Séptima Generación

Es un hecho que los nativos americanos están a la vanguardia de la lucha contra las prácticas que dañan el medio ambiente[26]

Es un hecho que los nativos americanos están a la vanguardia de la lucha contra las prácticas que dañan el medio ambiente, y este impulso surge principalmente de la Profecía de la Séptima Generación. Se trata de un concepto profundamente arraigado en las creencias espirituales de muchos pueblos indígenas de los EE. UU. Aunque varía entre las distintas tribus y naciones, la profecía suele hacer hincapié en las conexiones entre generaciones y en la responsabilidad de las acciones actuales para con las generaciones futuras: ¡unas siete generaciones en el futuro!

Los orígenes de la Profecía de la Séptima Generación se remontan a varias tradiciones orales y enseñanzas de los nativos americanos. Entre algunas tribus, se cree que las decisiones tomadas por la generación actual deben guiarse por su impacto en el bienestar de la séptima generación que está por venir.

Por ejemplo, si una persona está a punto de decidir su carrera, debe tener en cuenta su impacto en las siete generaciones siguientes. Si una persona está considerando la ingeniería como su carrera, debe intentar marcar una diferencia que beneficie a las siete generaciones venideras. Lo mismo vale para la pintura, la agricultura, la ciencia y prácticamente cualquier otra cosa. Este concepto subraya la importancia de la sostenibilidad, la administración de la tierra y la conservación de los valores culturales y las tradiciones.

Aspectos clave de la Profecía de la Séptima Generación:

- Hace hincapié en la interconexión de todos los seres vivos y en el reconocimiento de que las acciones realizadas hoy tienen consecuencias que repercuten en las generaciones futuras. Refleja una visión holística del mundo que reconoce la compleja red de relaciones entre los seres humanos, la naturaleza y el reino espiritual.

- Subraya la responsabilidad de la generación actual de actuar como administradores de la Tierra y sus recursos. Esto implica tomar decisiones que antepongan el bienestar a largo plazo de las generaciones futuras a las ganancias a corto plazo y garantizar la sostenibilidad de los ecosistemas naturales y las prácticas culturales. Por ejemplo, supongamos que un ingeniero puede ganar dinero rápido con un proyecto que potencialmente perjudicará el futuro de la región. En ese caso, lo rechazarán y se asegurarán de que no se haga realidad.

- Además de la gestión medioambiental, la profecía suele hacer hincapié en la importancia de preservar las tradiciones culturales, las lenguas y los sistemas de conocimiento. Esto incluye transmitir las enseñanzas y la sabiduría ancestrales a las generaciones sucesivas y garantizar la continuidad de las culturas e identidades indígenas.

- Una de las principales creencias es la siguiente: la Profecía de la Séptima Generación está guiada por fuerzas espirituales y sabiduría ancestral. Se pueden realizar ceremonias, oraciones y rituales para buscar orientación y bendiciones para el futuro y honrar a los espíritus de los antepasados que han venido antes y de los que están por venir. Se trata más bien de dar forma al futuro a través de la sabiduría de la historia.

- Ha inspirado a las comunidades indígenas a defender (apoyar y presionar activamente) la justicia social y medioambiental y a reconocer los derechos y la soberanía de los nativos americanos. Los esfuerzos de activismo suelen centrarse en cuestiones como los derechos sobre la tierra, la conservación del medio ambiente y la revitalización cultural, centrándose en la creación de un mundo mejor para las generaciones futuras.

En general, la Profecía de la Séptima Generación es un principio rector de la cultura nativa americana, que configura su visión del mundo, sus valores y sus acciones sobre el pasado, el presente y el futuro. Destaca la importancia de vivir en armonía con la Tierra y con los demás, y las profundas conexiones que unen a todas las generaciones.

El mundo puede estar hoy fuera de control. Pero la profecía ofrece la esperanza de una generación naciente que restablecerá el equilibrio entre los seres humanos y el mundo natural, simbolizando una renovación de los valores y un retorno a la sabiduría ancestral.

Ejercicio "Crea tu propia profecía"

Las profecías son para predecirlas. No importa si es un chamán nativo americano o un niño quien hace la predicción. Los chamanes y los profetas utilizan sus conocimientos y poderes únicos para hacer una profecía, pero los niños pueden utilizar sus sueños y esperanzas para convertirlos en realidad profetizándolos.

1. Toma papel y un bolígrafo (o tiza y pizarra, si tienes) y escribe cómo está el mundo ahora mismo. En el momento de escribir esto, el coronavirus (COVID-19) ha disminuido mucho, pero sigue asolando muchas partes del planeta. Hay una guerra encarnizada entre Rusia y Ucrania, y casi todas las naciones sufren turbulencias políticas y económicas. Busca en Google todos los problemas destacados a los que se enfrenta el mundo en estos momentos.

2. Predice cómo debería ser el mundo en lugar de como es. ¿Deberían terminar todas las guerras? ¿Debería dejar de existir el coronavirus? ¿Debería haber armonía entre todas las naciones del mundo? ¿Podrían los humanos aprender a convivir con la naturaleza en lugar de destruirla? ¿Qué tal incluir la tecnología en una comunidad armónica? Piensa en cómo debería ser el mundo en lugar de hacer todas las cosas

perjudiciales que está haciendo ahora.

3. Comenta las profecías con familiares y amigos. ¿Qué piensan de las predicciones? ¿Pueden aportar medios más eficaces para realizar un futuro mejor? Tal vez tengan medios más innovadores para crear una profecía fructífera.

4. Haz un dibujo sencillo de la profecía resultante. La predicción de la armonía entre las personas y el medio ambiente podría plasmarse en el dibujo de una niña abrazando a un formidable roble. El amor por los animales puede enfatizarse con un niño jugando con su perro mascota. Educar a las personas con inclinaciones tecnológicas sobre la naturaleza y su importancia puede representarse con la imagen de un niño jugando con un smartphone acurrucado bajo un árbol.

Las posibilidades de crear una profecía son infinitas, y sus implicaciones pueden hacer del mundo un lugar mejor para muchas generaciones.

Capítulo 6: Celebrar la naturaleza

El viento soplaba suavemente, como si alguien hablara en voz baja al oído de Muata. Llevaba el olor terroso de los árboles centenarios y la tierra. La luz del sol se asomaba entre las hojas, haciendo bailar formas parpadeantes en el suelo como la luz del sol sobre el agua. El joven no sólo estaba en el bosque, sino que se sentía completamente rodeado por él. Era como un mundo vivo, lleno de secretos por descubrir.

Muata no estaba en un bosque cualquiera. Durante generaciones, su pueblo había caminado de la mano de este antiguo lugar. Aquí, los susurros del pasado perduraban entre el susurro de las hojas. Los ancianos hablaban de espíritus que bailaban a la luz del fuego y cuya sabiduría se transportaba en el viento. Criaturas poderosas, guardianes de las montañas, eran algo más que cuentos para dormir: eran la esencia misma de esta tierra. Respetarla no era un deber, sino un pacto emocionante. Comprender sus ritmos era una aventura en sí misma, a la espera de ser desentrañada. Vivir en armonía con la naturaleza significaba que no sólo se centraban en sobrevivir; así era como vivían sus vidas. Para los nativos americanos, la naturaleza es como una leyenda viviente, esperando a ser abrazada por aquellos lo bastante valientes para escucharla.

Para los nativos americanos, la naturaleza es como una leyenda viviente, a la espera de ser abrazada por aquellos lo suficientemente valientes como para escucharla[27]

El sol de la mañana tenía un brillo travieso en los ojos cuando se asomaba entre los árboles centenarios. Se alzaba en lo alto del cielo, pintando dibujos en la gastada cartera de cuero de Muata. Hoy no era un día cualquiera. Hoy, el bosque zumbaba con una promesa susurrada por el viento. El chico estaba muy emocionado, y la expectativa burbujeaba en su pecho como un resorte escondido.

En su mano, su fiel cuaderno de bocetos se sentía menos como papel y más como un portal, que estaba a punto de llenarse de la magia que su abuela desataría a través de los cuentos. No eran sólo historias para escuchar, eran una invitación, una oportunidad de asomarse tras el velo de la vida cotidiana y ver lo extraordinario. Hoy, Muata escucharía cuentos sobre el poder del bosque y la sabiduría de los animales; se convertiría en parte de ellos; su corazón era una página en blanco lista para ser inscrita con la reverencia que su pueblo sentía por este mundo increíble. A cada paso que daba por el sendero familiar, el suelo del bosque crujía bajo sus pasos ansiosos y la propia Tierra parecía invitarle a adentrarse más en la maravilla que le aguardaba.

Finalmente, la cabaña de la abuela salió del abrazo esmeralda del bosque. El humo salía de la chimenea, prometiendo calor y el reconfortante aroma del humo del bosque y el pan recién horneado. Cuando Muata atravesó la puerta de madera desgastada, le invadió una oleada de calor familiar. El aire zumbaba con el suave murmullo de la vieja mecedora junto a la chimenea, y la habitación estaba bañada por un resplandor dorado que emanaba del crepitante fuego.

Allí, acurrucada en su pequeño catre junto a la chimenea, estaba sentada la abuela. Su rostro, grabado con la sabiduría de los años pasados en comunión con la tierra, esbozaba una cálida sonrisa al verle.

Sus ojos brillaban con la promesa de una aventura que estaba por llegar. El corazón de Muata latía a un ritmo alegre. Se arrastró por el desgastado suelo de madera, con la mochila fuertemente agarrada en la mano, y se acomodó en el pequeño taburete que había junto al catre. Estaba preparado. Le esperaban los cuentos de algunas leyendas, y la abuela tenía la llave.

La voz de la abuela, áspera por la edad, pero extrañamente cautivadora, llenó la habitación, tejiendo un hechizo con cada palabra. La anciana se aclaró la garganta y empezó con una sonrisa en la cara.

El cuervo y la luz robada - Una leyenda Tlingit

Había un cuervo llamado Kit-ka'ositiyi-qa-yit, que significa "Hijo de Kit-ka'ositiyi-qa"[228]

'Siéntate tranquilo, pequeño", dijo, con los ojos centelleantes como estrellas lejanas. "Déjame contarte una historia de un tiempo anterior al tiempo. En el principio, había un ser llamado Cuervo. Se llamaba Kit-ka'ositiyi-qa-yit, que significa "Hijo de Kit-ka'ositiyi-qa". Tras varios intentos, creó el mundo, pero era un manto de noches interminables. Ni una sola estrella se atrevía a asomarse, y no se veía ni una brizna de luna. La oscuridad, espesa como la piel de un oso, se aferraba a todo".

Hizo una pausa y bebió un sorbo de la taza humeante que sostenía entre las manos. Muata se inclinó hacia ella, con la expectación zumbándole en las venas.

Su voz se redujo a un susurro, provocando escalofríos en Muata. "Había un poderoso guardián, un tipo gruñón.

Vivía en una gran casa en lo alto de la colina. Tenía un corazón frío. El guardián guardaba las estrellas, la luna e incluso el sol encerrados en una caja, guardándose celosamente la luz para sí». Sacudió la cabeza.

"Nuestro pueblo estaba perdido, buscando a tientas y a tientas en la oscuridad por culpa de la codicia del guardián. Cuervo, bendita sea su inteligente alma, no podía soportar ver su difícil situación. Nunca se arredró ante un desafío, así que no tardó en idear un truco astuto. Así que urdió un plan, un plan audaz que cambiaría para siempre la faz del mundo.

"Este guardián gruñón, tenía una hija. ¿Y qué hizo Raven? Se encogió hasta ser más pequeño que una lágrima. Mmhmmm. Se convirtió en algo tan pequeño como la tierra y saltó a la taza de cristal favorita de la mujer. Ella bebió del vaso y quedó embarazada». La abuela rió entre dientes. Los ojos de Muata se abrieron de par en par, imaginando al embaucador en su mente.

"Cuando Cuervo se convirtió en un bebé, encontró la estantería donde el guardián guardaba sus tesoros. El bebé, que era Cuervo disfrazado, por supuesto, lloraba por todo lo que veía. "¡Brillante!", gritaba señalando los objetos apilados en un rincón durante tres días. Cada día, cuando el guardián no podía aguantar más los lamentos, bajaba aquellas cajas y se las daba al chaval, una por una, para que el pequeño Cuervo se callara".

Cuervo dejó salir las estrellas[59]

Los ojos de la abuela brillaban divertidos. "¿Qué crees que hizo Cuervo con las cajas, Muata? Primero dejó salir a las estrellas y luego a la luna por el agujero de humo. Ambas salieron disparadas hacia el cielo antes de que nadie pudiera pestañear. Pero, Cuervo guardó la última caja consigo mismo durante un tiempo luego de escapar".

"Un día oyó hablar de un hombre que guardaba un pozo con abundante agua, así que decidió engañarlo también a él. Se transformó en cuñado del hombre y se bebió toda el agua hasta que casi se acabó. Cuando el hombre lo descubrió, intentó escapar, pero se quedó atrapado en el pozo. El hombre se enfadó, así que encendió una hoguera bajo el Cuervo mientras éste colgaba en el pozo, incapaz de salir volando. Todo el humo de su fuego volvió las plumas de Cuervo negras como la noche".

Glooscap y las estaciones cambiantes (Una historia mi'kmaq)

"Muata, acércate y deja que la luz del fuego te caliente", le dijo su abuela. "Tengo otro cuento para ti». Se acomodó en la silla.

"Hace mucho, mucho tiempo, en la tierra de los Mi'kmaq, vagaba un poderoso espíritu llamado Glooscap. Tenía una gran fuerza y sabiduría. Pero ni siquiera Glooscap pudo detener al dios del invierno, que quería congelar el mundo". Los ojos de Muata se abrieron de par en par. Su abuela asintió: "Sí, así es".

"Un día, los dientes de cristal de la escarcha mordieron la tierra, convirtiendo los coloridos bosques en frágiles estatuas y los ríos en hielo. El pueblo mi'kmaq gritó. A

Los mi'kmaq creían que un poderoso espíritu llamado Glooscap vagaba por sus tierras[80]

Glooscap le pesaba el dolor del pueblo, pero no se rindió. Siguió luchando escarcha contra escarcha con el dios del invierno hasta que ya no pudo más".

"Con un rugido que hizo temblar las mismas montañas, partió en busca del dios del verano, el espíritu ahuyentado por el puño helado del dios del invierno. Su viaje fue largo y duro. Pero Glooscap siguió adelante, con su determinación marcando las líneas de su rostro y sus ojos ardiendo con la promesa de la primavera".

"Finalmente, tras un viaje muy largo y difícil, Glooscap llegó a la tierra del dios del verano. Allí hacía calor, el sol brillaba por todas partes, a diferencia del frío glacial en el que acababa de estar. Encontró a Verano relajándose bajo hermosas flores, llevando una corona hecha de luz solar". "Cuando habló, la voz de Glooscap era áspera por el frío. Le habló al dios del verano del pueblo mi'kmaq y de cómo el dios del invierno había helado su tierra. La voz de Glooscap mostraba lo mucho que le importaba su pueblo, y que realmente quería que las cosas volvieran a ser normales con las cuatro estaciones".

"El dios del verano vio lo disgustado que estaba Glooscap y se sintió mal por él. Se levantó y sonrió amablemente. Se sintió conmovido por la valentía y la humildad de Glooscap. Entonces, él, el dios del verano, agitó la mano y el frío invernal desapareció. Un suave viento sopló sobre Mi'kma'ki, y las primeras flores de primavera empezaron a florecer, derritiendo la escarcha. Las cuatro estaciones volvieron a estar en orden, como antes, todo gracias a la valentía de Glooscap».

Estas historias nos recuerdan que la naturaleza es mucho más que el suelo que pisamos[31]

Estas historias nos recuerdan que la naturaleza es mucho más que el suelo que pisamos. Es como un gran libro de cuentos viviente lleno de lecciones y aventuras esparcidas por sus páginas. La astucia del cuervo nos enseña que debemos tener confianza en nosotros mismos. Hasta la persona más pequeña puede tener un gran impacto. El viaje de Glooscap nos enseñó la importancia del equilibrio y el respeto por el cambio de las estaciones. Al igual que estas dos leyendas, podemos establecer una conexión especial con la naturaleza simplemente saliendo a la calle y sintiendo el sol en la cara. Todos los días suceden cosas asombrosas a nuestro alrededor. Así que, la próxima vez que sientas curiosidad, sal, explora y celebra el increíble mundo que compartimos con todos los seres vivos.

Actividad

Diario de apreciación de la naturaleza

¿Estás listo para llevar tu amor por la naturaleza al siguiente nivel? Ponte la gorra y protector solar: ¡nos vamos fuera a ver las maravillas de la naturaleza!

¿Qué es un diario de apreciación de la naturaleza?

Sirve para registrar todos tus sentidos externos: oír, ver, oler y sentir.

¿Encontraste una sorpresa plumosa que dejó una ardilla? ¿Te ha susurrado secretos el viento entre las hojas? ¡Anótalo todo!

1. **Paso 1:** Busca un cuaderno que te guste, colorido o liso, grande o pequeño. Algo en lo que puedas escribir y dibujar.
2. **Paso 2:** Toma tus lápices, rotuladores, ceras o pinturas favoritos. Si te gusta dibujar al aire libre, trae una tabla con sujetapapeles o algo duro para escribir.
3. **Paso 3:** Ponte las botas de montaña y sal a la calle, ya sea a tu jardín o a un parque cercano. Respira hondo y sumérgete en las vistas, los sonidos y los olores de la naturaleza que te rodea.
4. **Paso 4:** Mira más de cerca. Presta atención a todo lo que te rodea. Observa las formas de las hojas, los colores de las flores y el tacto de la corteza de los árboles. Escucha el trinar de los pájaros, el soplar de las hojas e incluso el goteo de un arroyo. Siente el viento, huele la tierra después de la lluvia y escucha todos los sonidos que te rodean.
5. **Paso 5:** Utiliza papel y lápiz. Para que todos los que te rodean sepan lo que has vivido, escribe o dibuja todo lo que has visto,

oído, olido, probado y sentido. Escribe sobre los animales, las plantas o los lugares que has visto. Haz dibujos, escribe poemas, relatos o lo que sentiste al estar al aire libre. Da rienda suelta a tu imaginación.

6. **Paso 6:** Observa los cambios que se producen con el tiempo. Vuelve al mismo lugar y observa cómo cambia con las estaciones. Busca las flores de primavera, las hojas de verano, los bonitos colores del otoño, etc.

7. **Paso 7:** Mientras pasas tiempo al aire libre y llenas tu diario con tus propias observaciones y creaciones, tómate un momento para reflexionar sobre tus experiencias. ¿Qué sentiste al conectarte con la naturaleza a un nivel más profundo? ¿Qué has aprendido sobre ti mismo y sobre el mundo que te rodea?

8. **Paso 8:** Tus descubrimientos no son sólo para tus ojos. Una vez que hayas llenado tu diario de apreciación de la naturaleza con todas tus increíbles observaciones y experiencias, comparte tus hallazgos con la gente que te rodea. Compartir tu diario no es sólo una forma de relacionarte con amigos, familiares o compañeros de clase, sino también una oportunidad para inspirarnos mutuamente a explorar y apreciar aún más las maravillas de la naturaleza.

9. **Paso 9:** Sigue explorando, observando y llenando tu diario de apreciación de la naturaleza con descubrimientos y percepciones. Con cada nueva aventura, profundizarás tu conexión con la naturaleza y apreciarás más sus historias y lecciones.

Entonces, ¿qué esperas? Toma tu diario y sal a la calle para embarcarte en tu próxima gran aventura. Deja que la naturaleza te enseñe sus caminos y el mundo se convertirá en tu patio de recreo personal.

Capítulo 7: Cuentos de embaucadores

Los cuentos nativos americanos no tratan sólo de magia, naturaleza y antepasados espirituales. Son una colección de fascinantes historias de embaucadores que hacen que la gente se desternille de risa a mientas aprende un par de cosas útiles. Son historias de astucia, sabiduría, valentía y estupidez, pero también te dan moralejas inesperadas con las que puedes vivir. Es hora de ser más astuto que los embaucadores más listos del folclore nativo americano y aprender unas cuantas cosas buenas en el proceso.

El coyote y la serpiente de cascabel

Un coyote solitario se siente renovado tras tomar algo en la piscina[82]

Una serpiente de cascabel es considerada la más sabia de las sabias[33]

Hasta donde alcanzaba la vista, el paisaje se extendía en una interminable extensión de yermo. La tierra era un tapiz de arenas movedizas, de colores que iban del amarillo dorado al rojo intenso, que subían y bajaban en elegantes curvas y dunas esculpidas por los implacables vientos.

El cielo era de un azul brillante, ininterrumpido por las nubes durante días enteros. El sol golpeaba sin tregua las ondulantes arenas y (sorprendentemente) las considerables manchas de vegetación que habían sustentado la vida salvaje en la árida región durante generaciones. Una lámina de agua que reflejaba el cielo azul resplandecía felizmente en la distancia y, un poco más allá, una hilera de picos nevados se divisaba tenuemente, bordeando la extensión.

A pesar de la belleza del desierto y de las inesperadas fuentes de comida y agua disponibles, se podía ver un coyote solitario subiendo por una gran duna, sintiéndose renovado después de haber bebido en el estanque. No se veían otros animales en kilómetros a la redonda, al menos en la superficie.

Multitud de lagartos se escondían bajo la arena, con sus escamas desgastadas ansiando un poco de sol y agua. Las serpientes se deslizaban entre la maleza y sus sinuosas formas desaparecían entre las sombras. Las aves de rapiña se veían como puntos indiscernibles en el horizonte, sin atreverse nunca a dar vueltas cerca del coyote.

¿Quién era ese coyote al que formidables criaturas como lagartos, serpientes y buitres preferían esconderse antes que acercarse a él? No era una bestia temible, sino que parecía más bien una versión más frágil y pequeña de un lobo. No tenía apenas dientes ni garras afiladas. Su pelaje se estaba pudriendo y su cuerpo había perdido su fuerza original. Después de todo, estaba envejeciendo.

Sin embargo, los ojos del coyote brillaban con astucia y malicia. De hecho, era su cerebro y su ingenio lo que lo convertían en el animal más intimidante de la tierra. Era el más astuto de los astutos, burlaba a cualquiera que se cruzara en su camino y robaba sus posesiones más preciadas.

Todas las criaturas vivas del hermoso desierto habían aprendido a evitarlo como a la peste, incluidos los humanos, el depredador supremo y el más inteligente de todos los animales.

"Parece que no todas las criaturas habían aprendido la lección", pensó el coyote, porque cuando llegó a la cima de la duna, pudo ver algo que se deslizaba hacia él sobre la arena, alguien cuya cabeza brillaba bajo el sol de la tarde. A medida que se acercaba, pudo ver que se trataba de una serpiente con una deslumbrante gema dorada en la cabeza.

"¡Ja, otra serpiente!", pensó el coyote. Parecía nueva en el desierto. "Mírala haciendo alarde de su gema brillante. Es hipnotizante y hermosa. La quiero. La tendré. ¡Que venga!"

Sin embargo, la escurridiza criatura, que ahora trepaba por la duna sobre la que estaba el coyote, no era una serpiente cualquiera. Era una serpiente de cascabel, considerada la más sabia de las sabias, a la que nadie había conseguido burlar hasta ahora. Pero también era amable, compasiva y rápida para perdonar.

El coyote no sabía todo esto, y cuando la serpiente de cascabel llegó arriba, el viejo y astuto animal la saludó con una falsa sonrisa: "¿Cómo estás, mi querida amiga? ¿Qué es esa cosa que tienes en la cabeza?".

"Estoy bien. Gracias por preguntar, amigo», respondió la serpiente de cascabel. "He venido desde esas montañas nevadas más allá del lago. Ah, y ésta es mi preciosa gema: un símbolo de conocimiento y poder".

"¡Es magnífica!", dijo el coyote con un deje de codicia. Dándose cuenta rápidamente, intentó disimularlo diciendo: "Vamos. Debes estar cansada después del largo viaje. Descarga tu carga y descansa un poco a la sombra de esta duna al otro lado".

"Gracias, lo haré. Dejaré la gema enterrada bajo la arena para que no atraiga miradas codiciosas. ¿Puedes vigilarla, por favor?".

"¡Lo guardaré con mi vida!", prometió el coyote con entusiasmo.

"¡Gracias! Eres muy amable», dijo agradecida la serpiente de cascabel. Entonces, desenterró una pequeña parte de la arena, colocó su gema en el hueco y volvió a cubrirla con la arena circundante. Arrastrándose hasta el otro lado de la duna, durmió profundamente a su sombra.

El coyote no pudo contener su emoción. "Esto ha sido demasiado fácil", pensó. "Ni siquiera necesité usar mi astucia. Tonta serpiente. Cuidaré muy bien de su gema, allá en mi cueva. Pero primero, tengo que asegurarme de que está dormida".

Se arrastró hasta donde yacía la serpiente de cascabel y vigiló de cerca su respiración. Al cabo de un par de horas, su respiración se estabilizó y empezó a roncar. El coyote se arrastró de nuevo ladera arriba y empezó a escarbar la arena con avidez en el lugar exacto donde yacía enterrada la gema.

Pasaron varios minutos, pero no pudo ver la reluciente gema. "Esto es extraño", pensó. "La tonta serpiente no la había enterrado demasiado hondo". Al oeste, el sol estaba a punto de ponerse, pero él siguió cavando, cada vez más impaciente. Los minutos se convirtieron en horas, y el pequeño hueco se convirtió en un gran agujero en lo alto de la duna, pero aún no había encontrado la preciada gema.

Estaba oscuro y el agujero era cada vez más profundo, pero el coyote sólo tenía ojos para la gema, así que siguió cavando. Finalmente, llegó a un suelo duro bajo la arena y no pudo cavar más. Fue entonces cuando decidió darse por vencido, pensando que la gema se había perdido.

Por primera vez desde que había empezado a cavar, miró hacia arriba. La noche se había convertido en día, pero sólo podía ver un puntito del cielo matutino; así de profundo había cavado. Intentó subir, pero no podía agarrar la enorme pared de arena. Se le escapaba de las patas.

Cuando estaba a punto de darse por vencido y resignarse a su destino, vio una mancha oscura en la abertura. Era la cabeza de la serpiente a la que había intentado engañar. Le gritó: "¡Socorro!".

"¿Por qué has cavado un agujero tan profundo? ¿Intentabas encontrar mi gema?", preguntó la serpiente de cascabel.

El coyote respondió tímidamente: "Sí".

"¿La encontraste?".

"No".

La serpiente soltó una risita y su cabeza desapareció de la abertura. El coyote tuvo miedo. ¿Estaba la serpiente tan enfadada con él que lo había dejado pudrirse en el agujero? Mientras los oscuros pensamientos lo consumían, la cabeza de la serpiente volvió a asomar por la abertura. Esta vez, no había sólo una, sino una docena de cabezas mirando al coyote.

Eran todas las serpientes a las que había burlado y robado en el desierto. Enroscaban sus cabezas y colas unas alrededor de otras y, en unos instantes, habían formado una larga cuerda de serpientes. El coyote dio un suspiro de alivio cuando la primera serpiente que saltó al agujero (arrastrando a las demás) pudo llegar al fondo.

La serpiente de cascabel era la que sostenía al resto desde arriba, y cuando el coyote sujetó con fuerza a la última serpiente, tiró de la cuerda improvisada y arrastró a todos hasta la superficie. Cuando el coyote estuvo fuera del agujero, balbuceó su agradecimiento a todos y le dijo a la serpiente de cascabel: "Siento haber intentado robar tu gema y también haberla perdido".

La serpiente de cascabel engañó al coyote con un trozo de cristal de hielo que talló en una cueva[34]

La serpiente de cascabel se rio y dijo: "Oh, pero para empezar nunca fue una gema. Sólo era un trozo de cristal de hielo que había tallado en una cueva de esas montañas nevadas. Si no te hubiera consumido tanto la codicia cuando lo viste por primera vez y me hubieras tomado por tonta, te habrías fijado en el agua que se escurría por sus costados al derretirse lentamente por el calor".

"Tu siniestra reputación había llegado hasta nosotros, los animales de allí arriba. Sabía que intentarías llevarte la gema a la primera oportunidad. Cuando empezaste a excavar en busca de ella, ya se había derretido por completo, es por eso por lo que no encontraste nada. Cualquier animal normal lo habría dejado así, pero tu codicia te llevó a cavar más hondo en el agujero".

Efectivamente, el más astuto fue embaucado. Al mismo tiempo, el coyote se sintió humillado. Se dio cuenta de que la verdadera sabiduría reside en saber que los demás son igual de sabios. A pesar de sus quejas, las otras serpientes acudieron a ayudarlo, lo que lo hizo respetar a toda criatura viviente. La experiencia transformó al astuto embaucador en un animal sabio.

La danza del cuervo a la luz de la luna

Muchas de las tribus nativo americanas creen que el coyote es el embaucador, pero la mayoría de ellas proclaman que el cuervo es el dios de las tretas.

La mayoría de las tribus nativo americanas aclaman al cuervo como dios de las tretas[35]

Un cuervo travieso vivía en el corazón del denso bosque, donde la luz plateada de la luna baila entre las hojas. Era conocido en todas partes por su astucia y su insaciable deseo de belleza. A menudo soñaba con asistir a la gran reunión del bosque, donde criaturas de todos los rincones del bosque se reunían para celebrar la luna llena.

Una noche de luna llena, posado en lo alto de un poderoso roble, contemplaba sus plumas negras mientras añoraba el colorido de los demás pájaros. Decidido a destacar en la reunión, ideó un astuto plan. Se adornaría con las plumas más exquisitas que robaría a sus compañeros pájaros.

Voló de árbol en árbol, ganándose la confianza de los pájaros con dulces palabras y promesas de amistad. Y, una a una, arrancaba plumas de su plumaje, dejando tras de sí un rastro de traición y tristeza.

Adornado con plumas de todos los colores imaginables, el cuervo se dirigió a la gran reunión, con el corazón henchido de orgullo al ver su magnífico disfraz. Pero, al entrar en el claro, se encontró con murmullos y miradas de desaprobación de las demás criaturas.

Sin inmutarse, se pavoneó en la reunión, deseoso de disfrutar de la admiración de sus compañeros. Pero, a medida que avanzaba la noche, empezó a sentir una sensación de inquietud que le invadía el corazón. A pesar de su elaborado disfraz, no podía deshacerse de la sensación de vacío que le carcomía el alma.

A medida que pasaban las horas y la luna alcanzaba su cenit, se sintió atraído hacia un tranquilo rincón del claro donde un viejo y sabio búho se sentaba en silenciosa contemplación. Intrigado, el cuervo se acercó a la criatura.

"¿Qué te aflige, cuervo?", le preguntó el búho, clavándole una mirada de complicidad.

"Quería ser admirado y celebrado, pero sólo siento vergüenza y remordimiento", confesó el cuervo con tristeza.

El búho asintió y desplegó sus alas para mostrar su gloria. "La verdadera belleza no reside en los adornos que llevamos, sino en la autenticidad de nuestros corazones", dijo suavemente. "Eres una criatura de la noche, cuervo, y tu verdadera belleza brilla más cuando abrazas tu propia naturaleza".

El sabio búho reveló que la verdadera belleza reside en la autenticidad de nuestros corazones[86]

Con el corazón encogido, el cuervo se dio cuenta de la locura de su vanidad. Regresó a su nido en los acantilados y se despojó de sus plumas robadas. Aquella noche de luna había encontrado una nueva sensación de libertad en su autenticidad al empezar a aceptarse tal como era. Surcó los cielos, desplegando sus alas negras, sabiendo que la verdadera belleza sólo podía encontrarse en lo más profundo del propio corazón.

Dos verdades y una mentira

Cada pregunta se basa en las dos historias anteriores. Cada pregunta tiene tres opciones: dos son verdaderas y una es mentira. ¡Elige la mentira para ganar puntos!

1. **¿Qué animales había en el desierto?**

   - Lagartos
   - Zorros
   - Serpientes

2. **¿Quién se escondió del coyote?**

   - Lagartos
   - Buitres
   - Serpientes

Pista: No se acercaron al coyote, pero no se escondían de él precisamente.

3. **¿Qué quería el coyote de la serpiente de cascabel?**

   - Quería la cabeza de la serpiente de cascabel.
   - Quería ser más astuto que la serpiente de cascabel.
   - Quería la gema de la serpiente de cascabel.

4. **¿Cuál era la moraleja de la historia del coyote?**

   - Respetar a toda criatura viviente.
   - Los sabios eran aquellos que consideraban sabios a todos.
   - Saber que la vanidad es una locura.

5. **¿Por qué era conocido el cuervo?**

   - Su insaciable deseo de belleza.
   - Su sabiduría.
   - Su astucia.

6. **¿Qué le dijo el búho al cuervo?**

- La verdadera belleza reside en los adornos que llevamos.
- La verdadera belleza brilla más al abrazar la propia naturaleza.
- La verdadera belleza está en la autenticidad de nuestros corazones.

7. **¿Qué hizo el cuervo después de volver a su nido?**

- Tiró sus plumas robadas.
- Desplegó sus alas negras.
- No se dio cuenta de su locura.

Capítulo 8: Los vientos susurrantes: Historias de aventuras

Los nativos americanos llevan eones adorando, venerando y viviendo en la naturaleza, y con la naturaleza viene la aventura. Sus relatos son muy diferentes, más emocionantes, inimaginablemente mágicos e incluso más aventureros que las historias de aventuras habituales de otras civilizaciones. Su folclore desvela muchos misterios de la naturaleza y encarna el espíritu de exploración y valentía en los lugares más insospechados.

Los nativos americanos llevan eones adorando, venerando y viviendo en la naturaleza[87]

El viaje de la estrella fugaz

En algunos relatos de los nativos americanos, Estrella fugaz hace referencia a una figura legendaria que cayó de los cielos para salvar al mundo de caer en el caos. En otros, es un joven guerrero bendecido con el espíritu de la naturaleza y la sabiduría de sus antepasados. En todas las historias, sin embargo, es un curioso héroe sediento de aventuras.

Uno de los cuentos retrataba un mundo natural único en el que los bosques eran tan antiguos como la Tierra y las montañas tocaban el cielo. Las aguas siempre caudalosas de los ríos mostraban la deslumbrante belleza de sus profundidades, y todos los animales, aves e insectos coexistían en perfecta armonía unos con otros.

En un mundo tan maravilloso, vivía un joven guerrero llamado Estrella Caída. Era famoso no sólo por su habilidad en la batalla, sino también por su profundo amor a la naturaleza y su insaciable sed de conocimiento. Sin embargo, no se aventuraba lejos de los confines del bosque donde vivía, no por falta de curiosidad, sino porque amaba aún más a su familia.

Una noche, sentado bajo un gran roble con los ojos cerrados, escuchando el suave susurro de las hojas y las lejanas llamadas de los búhos nocturnos, un anciano interrumpió su ensoñación para contarle la historia de una flor legendaria.

"Hay una flor de la sabiduría que se dice que florece sólo una vez cada cien años. Mañana será ese día".

"¿Qué tiene de especial esta flor, aparte de su centenaria floración?", preguntó Estrella fugaz. "¿Es bella a la vista? ¿Tiene un olor cautivador?".

"Es todo eso y mucho más", respondió el anciano. "Se rumorea que quien posea sus pétalos

Se dice que la flor de la sabiduría sólo florece una vez cada cien años[88]

obtendrá una sabiduría sin parangón y una singular visión del funcionamiento del mundo".

A Estrella fugaz le fascinaba la perspectiva de un conocimiento tan vasto, y su familia lo animó a buscar la flor. Por fin había encontrado su vocación, y entre muchas despedidas llenas de lágrimas y promesas de volver con la flor, se embarcó en su búsqueda. Con su fiel espada al lado y un corazón decidido, se aventuró en lo desconocido.

Su viaje lo llevó a través de densos bosques donde los árboles eran tan viejos como el tiempo mismo, y los arroyos goteantes contenían agua tan pura que su flujo creaba una dulce melodía. Cada paso suponía un nuevo reto, desde barrancos traicioneros hasta acantilados resbaladizos. Sin embargo, también se encontró con rostros amistosos, como un gran ciervo blanco que lo ayudó a volver al camino correcto cuando se equivocó de camino, y un enigmático búho que lo acompañó en plena noche.

Mientras ascendía por las escarpadas laderas de imponentes montañas, luchando contra vientos feroces y un frío cortante, Estrella fugaz se maravillaba ante la majestuosidad del mundo que lo rodeaba. Al principio, se sintió intimidado por los altos picos envueltos en nubes y por la extrema dureza de los elementos (lluvias torrenciales que parecían granizadas y vientos feroces que casi lo arrastraron al borde de los acantilados). Con el tiempo, aprendió a respetar la fuerza bruta de la naturaleza, a encontrar la belleza en sus paisajes más duros y la sabiduría en su indómita naturaleza salvaje.

Con perseverancia y determinación, finalmente alcanzó la cima del pico más alto, donde la leyenda hablaba del santuario oculto de la flor mágica. Allí, entre una alfombra de flores de colores y aguas cristalinas, contempló la flor legendaria, cuyos pétalos brillaban con una luz etérea.

Con manos temblorosas, Estrella fugaz arrancó un solo pétalo y sintió que una oleada de sabiduría ancestral recorría sus venas. Era como si sostuviera el peso del mundo entero en sus manos, pero lo sentía tan ligero como una pluma. En ese momento, comprendió el verdadero significado del conocimiento, no como un premio que había que ganar, sino como un viaje que había que emprender. Era una sed insaciable que había que llenar de vez en cuando, como una botella de agua.

El viaje de Estrella fugaz le enseñó el valor de la perseverancia y el respeto por la naturaleza[89]

Mientras descendía de la montaña, acunando el precioso pétalo junto a su corazón, Estrella fugaz reflexionó en silencio sobre su viaje. Su búsqueda le había concedido una visión más profunda del mundo natural. Le había enseñado el valor de la perseverancia, el respeto por la naturaleza y el poder ilimitado del espíritu humano para buscar el conocimiento ante peligros sin precedentes. Y, aunque su viaje había terminado y estaba a punto de regresar a casa, su búsqueda del conocimiento continuaría.

Los ecos del cañón

Se dice que los susurros del viento transportan ecos del pasado, voces de antepasados nativos americanos que reverberan a través de enormes cordilleras y profundos cañones. Uno de estos cuentos narra la aventura de una joven llamada Viento Susurrante.

En la tranquila extensión de un bosque olvidado, donde la luz del sol se colaba y centelleaba entre los árboles y el viento silbaba sobre la hierba, vivía una niña llamada Viento Susurrante. No era como los demás niños de su aldea: sus ojos siempre estaban llenos de curiosidad y su espíritu era tan salvaje como el viento.

Todas las noches, su abuela le contaba cuentos de historia y aventuras, de sus antepasados y del mundo natural en el principio de los tiempos. Por desgracia, llegó un momento en que había agotado todas sus historias y no tenía ninguna nueva que contarle. Al ver la mirada abatida de Viento Susurrante, le dijo: "La leyenda dice que hay un cañón oculto al sur de aquí en el que resuenan voces del pasado. Nunca se le acaban las historias fantásticas que también resultan ser ciertas".

La leyenda dice que hay un cañón oculto al sur de aquí en el que resuenan voces del pasado[40]

"¿No será peligroso? Suenan como fantasmas", dijo Viento Susurrante con aprensión.

"Lo desconocido habla de peligros incalculables. ¿Puede tu curiosidad vencer a tu miedo?".

"No lo sé".

"Entonces, ve a averiguarlo".

Y así, Viento Susurrante se aventuró hacia el sur, adentrándose en el bosque como nunca lo había hecho. Los árboles eran tan espesos que apenas se filtraba la luz del sol. Siempre estaba oscuro como la noche, pero aun así, ella siguió adelante. El camino, que apenas podía ver, era sinuoso y traicionero. Tropezó y se cayó varias veces, pero siempre se levantó y continuó su camino.

Tras varios días que le parecieron años, llegó al borde de un ancho cañón. Se extendía ante ella como un abismo, sus profundidades envueltas en una espesa niebla y un misterio aún más espeso. A pesar de su sobrecogedora presencia, sintió una atracción irresistible que la acercaba y la invitaba a explorar sus secretos.

A cada paso que daba, el aire parecía zumbar con el eco de mil voces... débiles susurros llevados por la brisa. Puede que Viento Susurrante haya desafiado el peligroso camino que la condujo hasta allí, pero tenía demasiado miedo como para seguir adelante. Sin embargo, la curiosidad se apoderó de ella y sintió deseos de saber qué decían las voces. Los ecos parecían una encantadora melodía de conocimiento e historia que calmaba sus temores y le infundía valor. Finalmente, descendió a las profundidades del cañón con el corazón palpitando de emoción.

A medida que se adentraba, los susurros se hacían más fuertes y claros, arremolinándose a su alrededor como un torbellino de recuerdos. Con cada momento que pasaba, se sentía transportada a un mundo en el que sus antepasados vagaban por la tierra y sus historias resonaban a través de los siglos.

"Era un talentoso domador de caballos que amansaba a las bestias más salvajes...".

"Ella era una feroz guerrera ante quien los hombres más fuertes se sentían débiles...".

Viento Susurrante escuchaba absorta mientras las voces del pasado llenaban el cañón, narrando un tapiz de historias que abarcaban generaciones. Había un grupo de valientes guerreros que luchaban con denuedo para proteger a su pueblo, sabios ancianos que transmitían sabiduría ancestral y audaces aventureros que exploraban territorios inexplorados en busca de nuevas tierras.

Pero, entre las historias de heroísmo y triunfo, también escuchó susurros de dolor y pérdida, de batallas libradas y vidas sacrificadas en nombre de la libertad y la justicia. Y, con cada historia que escuchaba, comprendía mejor las luchas y dificultades que habían dado forma a su herencia.

A pesar de la naturaleza oscura de algunos de los relatos, Viento Susurrante sintió orgullo y honor por el legado que le habían transmitido. El coraje y la resistencia de sus antepasados corrían por sus venas y la guiaban por el camino que ellos habían allanado antes que ella.

Cuando el sol estaba a punto de ponerse, arrojando un resplandor apagado sobre las paredes del cañón, Viento Susurrante volvió a subir desde las profundidades con una nueva sensación de determinación. Sabía que llevaba consigo las historias de sus antepasados, su sabiduría, su valor, sus pérdidas y sus triunfos: en pocas palabras, su historia.

Su viaje de vuelta a casa transcurrió entre profundas reflexiones. Se dio cuenta de que los ecos del cañón oculto podían ser fantasmas, pero ya no les tenía miedo. En todo caso, se sentía más cercana a la herencia y las tradiciones de su familia. Sabía que ya no era sólo una niña que vagaba por el bosque, sino que se había convertido en la guardiana de ese legado y de las historias que habían forjado su identidad.

Al contemplar el mundo que se extendía ante ella, supo que estaba preparada para afrontar cualquier desafío que se le presentara, armada con el poder de la historia, la curiosidad que la había conducido al lugar místico

Armada con el poder de la historia, estaba preparada para afrontar cualquier reto que se le pusiera por delante[41]

y la inquebrantable creencia en el valor del autodescubrimiento. En los ecos del pasado, Viento Susurrante había encontrado sus raíces y la fuerza para hacer cosas buenas y lograr grandes maravillas en el futuro. En primer lugar, le contaría historias a su abuela, y no al revés.

Crea tu propia historia de aventuras

Las historias de aventuras son muy inspiradoras. Motivan a la gente no sólo a vivir su propia aventura, sino también a crear su propia historia de aventuras. Esta sencilla actividad sólo requiere un cuaderno, un bolígrafo, imaginación y sed de aventuras. He aquí un ejemplo para empezar:

Érase una vez, en el corazón de un bosque, un niño. Su aldea estaba en medio de un vasto claro, rodeada de todo tipo de árboles y vida salvaje.

Un día, su abuelo lo llamó a su cabaña y le habló de un tótem sagrado escondido en lo más profundo del bosque. Le dijo que era la clave para descubrir la sabiduría de sus antepasados.

Consigna 1: Comienza el viaje

Acompañado por su leal compañero lobo, el joven partió en busca del tótem sagrado. Por el camino, se encontró con un río caudaloso que bloqueaba su camino. ¿Cómo superará este obstáculo?

Consigna 2: La prueba de los espíritus del bosque

A medida que se adentraba en el bosque, se topó con misteriosos espíritus que bailaban a la luz de la luna. Para seguir adelante, debe demostrar su valor completando una tarea. ¿Qué desafíos le plantean?

Consigna 3: Encuentro con el sabio búho

Guiado por los susurros del viento, el joven se encontró con un viejo y sabio búho posado en lo alto de las ramas de un roble centenario. El búho le ofreció un enigmático consejo que lo ayudaría en su viaje. ¿Cuál es ese consejo?

Consigna 4: Los guardianes del tótem sagrado

Por fin llegó al corazón del bosque, donde se encontraba el tótem sagrado. Pero, antes de poder reclamarlo, debe enfrentarse a los guardianes, espíritus de los antepasados encargados de proteger su legado. ¿Cómo demostrará que es digno de su confianza?

Consigna 5: El regreso a casa

Con el tótem sagrado en la mano, el joven emprendió el viaje de vuelta a su aldea, donde su abuelo esperaba su regreso. Por el camino, reflexionó sobre las lecciones aprendidas y los retos superados. ¿Cómo lo ha cambiado su viaje y qué sabiduría compartirá con su pueblo?

Cuando llegó a su aldea con el tótem sagrado en alto, estaba preparado para asumir su papel de guardián del patrimonio de su tribu y del espíritu del tótem sagrado.

En esencia, primero hay que describir al personaje principal.

1. ¿Dónde viven? ¿Cómo es su personalidad?

2. Hay que presentar a los personajes secundarios. ¿Cómo interactúan todos estos personajes entre sí?

3. Se debe introducir la aventura en sus diálogos. ¿Qué tipo de magia contiene la aventura?

4. Al comenzar el viaje, hay que exponer los retos, seguidos de cómo los supera el protagonista.

5. La historia debe concluir con una reflexión sobre el protagonista. ¿Qué ha aprendido de la aventura?

Capítulo 9: Fábulas junto al fuego: Cuentos de pertenencia

Antiguamente, en las estaciones de largas noches, bajo luces parpadeantes o llamas danzantes, los nativos se reunían y compartían historias. Pero no eran historias corrientes, sino fábulas y cuentos que se han ido transmitiendo de generación en generación. Estos cuentos suelen estar llenos de aventuras, sabiduría y un poderoso sentimiento de pertenencia.

Las fábulas arrojan luz sobre asuntos cercanos al corazón, como la búsqueda de un lugar en el cual encajar y el valor que se necesita para ser uno mismo[42]

Las fábulas no son sólo un entretenimiento. Hablan de cosas que nos conciernen como seres humanos y de lo que nos rodea. Arrojan luz sobre asuntos cercanos al corazón, como la búsqueda de un lugar en el cual encajar, el valor que se necesita para ser uno mismo y la importancia de la familia y los amigos. Estas historias revelan que todos estamos conectados a algo más grande que nosotros mismos. Nos enseñan a apreciar aún más a la Madre Tierra.

A través de estos relatos, se descubre la profunda conexión que las culturas nativas americanas mantienen con sus comunidades, así como la intrincada danza de la forja de la identidad y el espíritu perdurable que busca encontrar el lugar que le corresponde dentro de los grandes hilos de la existencia. Se habla mucho de la fuerza inquebrantable de los héroes legendarios y de los susurros de los espíritus ancestrales que nos guían a todos en esta búsqueda intemporal. Al sumergirnos en estas historias, estamos obligados a llegar a una comprensión más profunda de nosotros mismos y de la inherente necesidad humana de conexión, y cuando se pronuncia la última palabra, nunca deja de dejar una resonancia duradera en nuestro interior mucho tiempo después de que se cuente la historia.

Este último capítulo incluye más fábulas y cuentos que reflejan la búsqueda de identidad, pertenencia y comunidad. ¿Quieres más historias? Pues no te decepcionarán. Los cuentos de Awena, El Sanador y la Leyenda del Jefe Seattle están aquí para ti.

Estás en la última vuelta: ¡sigue leyendo, campeón!

Awena "La Curandera"

Había una vez, en la tierra de los navajos, una curiosa niña llamada Awena. Tras la muerte de su madre, Awena se esforzó por encontrar su lugar en la tribu. Sabía que tenía potencial para hacer grandes cosas, pero descubrir cuáles eran le resultaba difícil. Finalmente, decidió ir en busca de la legendaria Mujer Araña. De niña le habían contado la leyenda y creía que ese ser podría ayudarla.

Awena subió a una montaña sagrada para encontrar su propósito, con el corazón palpitando de expectación[43]

Una noche, bajo las estrellas del desierto, Awena subió a una montaña sagrada para encontrar su propósito. En la cima, se encontró con una anciana de piel marcada por el tiempo y ojos llenos de sabiduría. Era la Mujer Araña. Miró a la joven y comprendió por qué había venido. "Niña", dijo la Mujer Araña, con voz suave como la brisa. "Buscas tu propósito, pero está en tu interior". El corazón de Awena palpitó en su pecho. "Tu propósito no reside en lo que persigues, sino en los dones que ya posees", continuó la anciana, "tienes un ojo agudo para las hierbas, un tacto suave con los enfermos y un espíritu que resuena con la Tierra. Tu propósito, niña, es ser una curandera, un puente entre tu tribu y la tierra".

Una oleada de claridad inundó a Awena. Las visiones y los encuentros que la habían estado atormentando no eran aleatorios. Eran un reflejo de su verdadero yo, que la conducía hacia su destino.

La leyenda acogió a la niña y empezó a prepararla. Le dijo a Awena que todos y todo es como un hilo en una telaraña gigante. Awena escuchó, con el corazón henchido. Aprendió que cada elección y cada acción ondulaban la red. La bondad remendaba los hilos deshilachados, mientras que la codicia los desenredaba. La tierra, los animales, la gente... eran parientes unidos por hilos invisibles.

Awena aprendió que la paciencia era una virtud importante. La Mujer Araña le enseñó a remendar los hilos rotos y a respetar el delicado equilibrio. A medida que los días se convertían en semanas, la Mujer Araña le enseñó a Awena los métodos de una curandera. Le enseñó a ser valiente, compasiva y resistente. Y así, Awena descubrió su propósito: ser una curandera.

Regresó a la tribu y dejó de ser una niña perdida para convertirse en una mujer con un propósito. Su tacto aliviaba las heridas y su conocimiento de las hierbas traía consuelo. Le hablaron de un hombre enfermo de muerte y decidió hacerle una visita.

Awena curando al viejo Herrick"

El anciano Herrick, un respetado hombre mayor, temblaba de fiebre y sus toses resonaban por toda la casa. Awena sujetó su bolsa de hierbas, todas ellas recogidas bajo la atenta mirada de la Mujer Araña. Le puso una mano fría en la frente. Cerrando los ojos, Awena susurró una plegaria a la Mujer Araña, la creadora. Le vinieron a la memoria los recuerdos de sus lecciones: el tacto calmante de la raíz de yuca y el aroma tranquilizador de la lavanda, y se puso manos a la obra.

Por la mañana, la fiebre había desaparecido. Una débil sonrisa adornó los labios de Herrick cuando contempló a Awena: "Tú también eres una tejedora, niña", ronroneó, "que devuelve la salud a los cuerpos cansados". A Awena se le hinchó el corazón. No sólo era una curandera, sino que, al igual que la Mujer Araña, estaba remendando los desgarros de la red de la vida, persona a persona.

La leyenda del Jefe Seattle

En la tierra de las tribus nativas americanas Suquamish y Duwamish nació un gran líder. Su nombre era Jefe Seattle. El Jefe Seattle, o como a veces se le llamaba, Sealth, era un conocido y respetado líder.

Desde su juventud, los susurros del mundo de los espíritus serpenteaban entre el crujir de las hojas y el borboteo de los arroyos, creando en él una profunda conexión con la tierra y su pueblo. Escuchaba todas las historias que le contaban sus mayores, sagas de guerreros y de espíritus que habitaban en cada pico de montaña y en cada curso de agua.

A medida que pasaban los años para la leyenda, el Jefe Seattle recorría los caminos ancestrales, absorbiendo

El Jefe Seattle, o como a veces se le llamaba, Sealth"

los rituales sagrados y las tradiciones que eran la savia de su tribu. Honraba a los espíritus que yacían bajo la Tierra, dejando ofrendas de fragante tabaco y hierba dulce como humilde agradecimiento por la generosidad que los sustentaba.

Pero la visión del Jefe Seattle iba más allá de las fronteras de su propia tribu. Comprendió la melodía unificadora que unía los corazones de todos los nativos americanos. Tejió incansablemente alianzas y tratados, un baluarte contra los pueblos que pretendían cortar su conexión con sus tierras ancestrales.

Un día, reunió a su pueblo bajo un cedro colosal, cuyas antiguas ramas formaban un dosel protector. Cuando la luz del sol se filtró entre los rostros de su tribu, el jefe Seattle tomó la palabra. Su voz era un rumor profundo. Habló de la conexión entre todos los seres vivos y de la Tierra como un don sagrado que les había confiado el Gran Espíritu.

"Nuestros antepasados caminan a nuestro lado", declaró, recorriendo con la mirada los rostros extasiados. "Sus espíritus están en el viento, guiando cada uno de nuestros pasos. Los honramos pisando suavemente a la Madre Naturaleza, asegurándonos de que el delicado equilibrio permanezca intacto".

Sus palabras tocaron una fibra sensible en ellos, encendiendo un feroz sentimiento de pertenencia y propósito. Comprendieron que su identidad era tan inseparable de la tierra como la corteza de los altísimos árboles, y que sus tradiciones estaban entretejidas en el tejido mismo del mundo natural.

Bajo el liderazgo inquebrantable del Jefe Seattle, la tribu asumió su deber sagrado como guardianes de la Tierra. Con una determinación inquebrantable, protegieron los verdes bosques y los ríos llenos de vida que acunaban su existencia. Encontraron la fuerza en su patrimonio común, recurriendo a la sabiduría de sus antepasados para navegar por las traicioneras corrientes de un mundo cambiante.

El gobernador de Washington, Isaac Stevens, negoció con el Jefe Seattle la venta de la tierra, que hoy es la ciudad de Seattle[46]

En algún momento de 1854, cuando el Gobernador territorial de Washington, Isaac Stevens, visitó sus tierras, negoció con el Jefe Seattle la venta del terreno, que es ahora la ciudad de Seattle. Fue bautizada en honor del Jefe. En respuesta al Gobernador, el Jefe Seattle pronunció su famoso discurso:

"¿Cómo se puede comprar o vender el cielo? ¿La tierra? La idea nos resulta extraña. Si no somos dueños de la frescura del aire y el brillo del agua, ¿cómo se pueden comprar? Cada parte de esta tierra es sagrada para mi pueblo. Cada brillante aguja de pino, cada orilla arenosa, cada bruma en los bosques oscuros, cada pradera, cada insecto que zumba. Todos son sagrados en la memoria y la experiencia de mi pueblo...

Si les vendemos nuestra tierra, recuerden que el aire es precioso para nosotros, que el aire comparte su espíritu con toda la vida que sustenta. El viento que dio a nuestro abuelo su primer aliento también recibió su último suspiro. El viento también da a nuestros hijos el espíritu de la vida. Por eso, si les vendemos nuestra tierra, deben mantenerla apartada y sagrada, un lugar donde el hombre pueda ir a saborear el viento endulzado por las flores del prado. ¿Les enseñarán a sus hijos lo que nosotros les hemos enseñado a los nuestros? ¿Que la tierra es nuestra madre? Lo que le ocurre a la tierra les ocurre a todos los hijos de la tierra.

Esto lo sabemos: la tierra no le pertenece al hombre; el hombre le pertenece a la tierra. Todas las cosas están conectadas como la sangre que nos une a todos. El hombre no tejió la red de la vida; él no es más que una hebra de ella. Lo que hace a la red, se lo hace a sí mismo. Una cosa sabemos: Nuestro Dios es también su Dios. La tierra es preciosa para Él y dañar la tierra es despreciar a su Creador".

(La Tierra en equilibrio: la ecología y el espíritu humano, Gore 1992, 159)

Las palabras del Jefe Seattle flotaron en el aire y se hizo el silencio. Algunos rostros se arrugaron aún más en una solemne reflexión. El peso de su mensaje caló hondo en ellos, una verdad que resonaba en lo más profundo de su ser. Después de todo, su pueblo siempre había vivido en armonía con la tierra.

La voz del Jefe Seattle era un poderoso eco de su propia conexión con la Tierra. Sus palabras, llevadas por el viento, encendieron un fuego en los corazones de su pueblo. No se trataba sólo de un discurso; era una apasionada súplica para honrar la tierra que los sustentaba.

El impacto de sus palabras resonó mucho más allá de aquel día. Se convirtieron en un mensaje eterno, un faro para las generaciones venideras. La voz del Jefe Seattle se convirtió en un grito de guerra para los defensores del medio ambiente, un poderoso recordatorio de nuestra responsabilidad de proteger la Tierra. Su legado sigue inspirando a innumerables personas y movimientos, cuyas voces se alzan al unísono por la tierra y los derechos de quienes siempre la han llamado hogar.

Actividad: Cuestionario final del libro

Instrucciones:

Elige la respuesta correcta para cada pregunta. Si necesitas ayuda, no dudes en consultar el libro. Cuando hayas contestado a todas las preguntas, comprueba tus respuestas para ver si recuerdas bien las inspiradoras historias de la cultura y el folclore de los nativos americanos.

Capítulo 1

¿Quiénes eran los dos poderosos seres a los que se aludía como la madre y el padre cósmicos?

    a. Sol y Luna

    b. Mujer araña y Tawa, el dios del sol

    c. Águila y Oso

    d. Búfalo y ciervo

¿Por qué los wampanoag respetaban tanto la naturaleza?

Capítulo 2

¿Quién fue un famoso líder nativo americano conocido por su papel en la batalla de Little Bighorn?

a. Jefe Toro Sentado

b. Jefe Seattle

c. Sacagawea

d. Gerónimo

Capítulo 3

¿Qué lecciones aprendiste de los cuentos sobre las estrellas?

Capítulo 4

¿Por qué era importante el búfalo para muchas tribus nativas americanas?

a. Ofrecía comida, ropa y cobijo.

b. Era un símbolo de miedo y peligro.

c. Se creía que poseía poderes mágicos.

d. Se consideraba sagrado y se le rendía culto.

¿Cuál es el simbolismo del ciclo vital del búfalo para los pueblos de las tribus de las Llanuras?

a. La risa y la maternidad.

b. La unidad y la abundancia.

c. El sacrificio y la sabiduría.

d. Ríos caudalosos y jardines verdes.

Capítulo 5

¿Qué es una profecía?

a. Un acontecimiento histórico.

b. Una predicción del futuro.

c. Una ceremonia religiosa.

d. Una lección moral.

¿Qué tribu nativa americana está especialmente asociada con la profecía de la Séptima Generación?

  a. Cherokee

  b. Iroquois

  c. Navajo

  d. Apache

Capítulo 6

¿Por qué el dios del verano decidió ayudar a Glooscap y al pueblo mi'kmaq?

  a. Glooscap era fuerte y poderoso.

  b. Glooscap le cantaba canciones de alabanza.

  c. Glooscap le ofrecía oraciones y sacrificios.

  d. Glooscap acudió a él con humildad.

Capítulo 7

¿Cuáles de estos dos personajes son famosos embaucadores de la mitología nativa americana, conocidos por sus travesuras?

  a. El cuervo

  b. El coyote

  c. El oso

  d. El zorro

¿Qué lección nos enseñan a menudo los cuentos de embaucadores?

  a. La importancia de la honradez y la integridad.

  b. Las consecuencias de la avaricia y el egoísmo.

  c. El valor del trabajo duro y la perseverancia.

  d. Los peligros de confiar en extraños.

Capítulo 8

¿Qué papel desempeñan los vientos en muchas historias de los nativos americanos?

  a. Llevan mensajes de los espíritus.

  b. Traen tormentas y desastres.

  c. Guían a los viajeros en sus viajes.

  d. Susurran secretos a quienes los escuchan.

¿Qué es la búsqueda de una visión?

a. Un viaje para encontrar un tesoro perdido.

b. Una búsqueda de conocimiento y comprensión.

c. La búsqueda de una persona desaparecida.

d. Una batalla contra fuerzas sobrenaturales.

Capítulo 9

¿Qué lección nos enseña la historia del Jefe Seattle sobre la pertenencia?

a. La importancia de preservar el patrimonio cultural.

b. El valor del cuidado del medio ambiente.

c. La necesidad de unidad y cooperación.

d. Todas las anteriores.

Respuestas

Capítulo 2

Respuestas del cuestionario de conocimientos:

1. Al nacer, Toro Sentado recibió el nombre de Tejón Saltarín. Se ganó el nombre de Toro Sentado tras golpear a uno de los guerreros enemigos con un bastón de golpe a los 14 años.

2. General George Custer.

3. General Alfred Sully.

4. Tahlequah, Oklahoma.

5. Debido a las nuevas leyes que permitían la reubicación de las tribus aborígenes, prometiéndoles mejores oportunidades en las grandes ciudades.

6. Mankiller regresó a su hogar cherokee en Oklahoma en 1977.

Capítulo 3

Respuestas del cuestionario "Tira a las Estrellas":

1. A
2. D
3. B
4. A
5. C
6. B

7. D

8. A

9. B

10. A

Capítulo 4

Respuestas de verdadero o falso:

1. Falso

2. Verdadero

3. Verdadero

4. Falso

5. Falso

6. Verdadero

7. Falso

8. Verdadero

Capítulo 7

Respuestas a dos verdades y una mentira:

1. Zorros
2. Buitres
3. Quería la cabeza de la serpiente de cascabel
4. Para saber que la vanidad es una locura
5. Su sabiduría
6. La verdadera belleza está en los adornos que llevamos
7. No se dio cuenta de su locura

Respuestas del cuestionario final del libro:

Preguntas del Capítulo 1:

1. B.
2. Comprendieron que la naturaleza es parte del Círculo de la Vida.

Preguntas del Capítulo 2:

1. A.

Preguntas del Capítulo 3:

1. A.

Preguntas del Capítulo 4:

1. C.
2. A.

Preguntas del Capítulo 5:

1. B.
2. D.

Preguntas del Capítulo 6:

1. D.

Preguntas del Capítulo 7:

1. A y B.
2. A, B, y D

Preguntas del Capítulo 8:

1. A.
2. B

Preguntas del Capítulo 9:

1. B

Conclusión

Has llegado al final de este apasionante viaje a través de los cuentos de los nativos americanos. Algunas de las historias que has leído hablan de pueblos que vivieron hace mucho tiempo, estableciéndose y cultivando o vagando de caza y búsqueda de alimentos y otras necesidades. Hablaban distintas lenguas, tenían una cultura muy variada y transmitían muchas leyendas. A través de sus relatos, aprendiste cómo explicaban los nativos americanos cómo surgió el mundo y qué héroes creían que habían desempeñado un papel en su historia primitiva.

También has leído sobre algunos de los actos más valientes de los héroes nativos americanos a lo largo de la historia y de dónde sacaron el valor para triunfar cuando todo parecía perdido. Como has aprendido, tener un líder era tan importante para las tribus nativas como lo es y lo ha sido en todas las demás culturas del mundo.

Además de su papel en la creación, el mundo natural (especialmente el cielo y la tierra) también se consideraba una poderosa fuente de bendiciones. Los nativos americanos cuentan muchas historias sobre las estrellas, relatando cómo estos objetos brillantes les guiaban en sus aventuras.

Cazadores, guerreros y agricultores vivían en comunidades muy unidas y, para formarlas, se inspiraban en la naturaleza. Uno de los principales protagonistas de la formación de sus pacíficas comunidades era el búfalo. Este poderoso animal era a la vez un regalo y una fuente de muchas lecciones que se transmitían de generación en generación.

Los nativos americanos siempre tuvieron formas únicas de celebrar la naturaleza. Creían que, como el búfalo, muchas otras criaturas traían a la gente regalos, bendiciones y lecciones. Les enseñaban a convivir con la naturaleza y con todos los seres naturales que los rodeaban, porque todos podían ayudarse mutuamente.

Sin embargo, como has aprendido, las tribus nativas también sabían lo astutas que podían ser algunas criaturas. Aunque las historias sobre astutos embaucadores también pueden enseñar a respetar la naturaleza, también muestran que a veces hay que tener mucho cuidado con la forma de acercarse a la gente.

La naturaleza también encierra muchos misterios, según los cuentos de los nativos americanos. Algunos de estos misterios invitan a vivir aventuras inolvidables, mientras que otros pueden mostrar a una persona lo valiente que puede ser cuando se enfrenta a un reto inesperado.

Como cualquier otra persona en este mundo, las antiguas tribus sabían lo importante que era para una persona encontrar un lugar donde poder ser feliz. Sus fábulas hablan de jóvenes que se embarcan en el viaje de aprender a ser la mejor versión de sí mismos respetando su vínculo con la naturaleza y con los demás.

Muchas de las lecciones de estas historias de los nativos americanos pueden aplicarse hoy en día. Las personas de hoy pueden establecer relaciones con la naturaleza y entre sí tan estrechamente como se enseñó a hacer a sus antepasados nativos. Ya se trate de tus vecinos, amigos, compañeros de clase, familiares, profesores, mascotas o tu lugar favorito al aire libre, siempre hay una forma de establecer una conexión con tu entorno. Sólo tienes que encontrar la inspiración para tender la mano, y este libro te ha dado un tesoro de información sobre cómo hacerlo.

Referencias

Aktá Lakota Museum & Cultural Center. (n.d.). The Legend of the White Buffalo Woman. Aktá Lakota Museum & Cultural Center. https://aktalakota.stjo.org/lakota-legends/white-buffalo-woman/

Americans, N. (n.d.). Biography: Sitting Bull | American Experience | PBS. Www.pbs.org. https://www.pbs.org/wgbh/americanexperience/features/oakley-sitting-bull/

Araminta, M. (2023, May 23). The Geography of Mi'kmaq Folklore. ArcGIS StoryMaps. https://storymaps.arcgis.com/stories/b0fca956f299408ba4b8c2e3d4a47995

Azure, L. B. (2016, February 22). Actualizing the Seventh Generation Prophecy: A Case Study in Teacher Education at a Tribal College. Tribal College Journal of American Indian Higher Education. https://tribalcollegejournal.org/actualizing-the-seventh-generation-prophecy-a-case-study-in-teacher-education-at-a-tribal-college

Bob, B. (2021). CHIEF SEATTLE'S LETTER. Csun.edu. https://www.csun.edu/~vcpsy00h/seattle.htm

Brando, E. (2010). Wilma Mankiller. National Women's History Museum. https://www.womenshistory.org/education-resources/biographies/wilma-mankiller

Brown, J. (2020, October 23). What Is the Story of Glooscap? – KnowledgeBurrow.com. Knowledgeburrow.com. https://knowledgeburrow.com/what-is-the-story-of-glooscap/

Caduto, M. J., & Bruchac, J. (1998). Keepers of Life: Discovering Plants through Native American Stories and Earth Activities for Children. Fulcrum Pub.

CBC. (2020, March 4). Who is Glooscap? He's kind, respectful, and big, says Mi'kmaw educator. CBC. https://www.cbc.ca/news/canada/nova-scotia/legend-of-glooscap-mi-kmaw-culture-columnist-trevor-sanipass-1.5484002

Christo, C. (2021, August 4). The Hopi Prophecies Are Coming True — Here's Why We Should Pay Attention. The Hill; The Hill. https://thehill.com/changing-america/opinion/566362-the-hopi-prophecies-are-coming-true-heres-why-we-should-pay

DeGuzman, K. (2020, September 12). What is a Fable — Definition, Examples & Characteristics. StudioBinder. https://www.studiobinder.com/blog/what-is-a-fable-definition/

Goble, P. (1998). The Lost Children: The Boys Who Were Neglected. Simon & Schuster Children's Publishing Division.

History.com Editors. (2009, November 16). Chief Seattle Dies Near the City Named for Him. HISTORY. https://www.history.com/this-day-in-history/chief-seattle-dies-near-the-city-named-for-him

History.com Editors. (2009, November 9). Sitting Bull. HISTORY; A&E Television Networks. https://www.history.com/topics/native-american-history/sitting-bull

Institute for Public Relations. (2021, October 22). Native American Pioneer Chief Seattle (c. 1786 – 1866) | Institute for Public Relations. Instituteforpr.org. https://instituteforpr.org/native-american-pioneer-chief-seattle/

Jo, M. (2020, August 12). Learn More about the Legend of Chief Seattle - Discovering Washington State. Discovering Washington State. https://www.discoveringwashingtonstate.com/learn-more-about-the-legend-of-chief-seattle/

Judson L., M. (2004, April 28). The Raven in Native American Mythology. Judson L Moore. https://www.judsonlmoore.com/the-raven-in-native-american-mythology

Judson, K. (2004, October 9). Native American Stories (Myth-Folklore Online). Mythfolklore.net. https://www.mythfolklore.net/3043mythfolklore/reading/california/pages/06.htm

Keim, F. (n.d.). Marshall Cultural Atlas. Www.ankn.uaf.edu. http://www.ankn.uaf.edu/NPE/CulturalAtlases/Yupiaq/Marshall/raven/RavenStealsTheLight.html

Mall, L. (2018, February 12). Greatest Lakota Leaders Who Ever Lived – Lakota Mall. Lakota Mall. https://www.lakotamall.com/greatest-lakota-leaders/

Mark, J. J. (2023, November 20). Falling Star. World History Encyclopedia. https://www.worldhistory.org/article/2329/falling-star

Mark, J. J. (2024, January 19). Cheyenne Legends of the Buffalo. World History Encyclopedia. https://www.worldhistory.org/article/2353/cheyenne-legends-of-the-buffalo/

Matthews, A. S. (2022, February 2). Spirituality and Religious Beliefs of the Mi'kmaq. ArcGIS StoryMaps. https://storymaps.arcgis.com/stories/ee889ed588034218a63ce56971ebf820

McLeod, T. (2017). Hopi Prophecy—A Timeless Warning. Sacred Land. https://sacredland.org/hopi-prophecy

Millman, L. (1987). A Kayak Full of Ghosts. Capra Press.Native American Mythology. (2024). Twinkl.co.za. https://www.twinkl.co.za/teaching-wiki/native-american-mythology

Nair, N. (2022, October 5). Saquasohuh : The Blue Star Kachina. Mythlok. https://mythlok.com/saquasohuh

National Park Service. (2016). Sitting Bull - Little Bighorn Battlefield National Monument (U.S. National Park Service). Nps.gov. https://www.nps.gov/libi/learn/historyculture/sitting-bull.htm

Nordquist, R. (2019, May 4). Which of Your Favorite Stories are Actually Fables? ThoughtCo. https://www.thoughtco.com/what-is-a-fable-1690848

Pastore, R. T. (2016, October). Traditional Mi'kmaq (Micmac) Culture. Www.heritage.nf.ca. https://www.heritage.nf.ca/articles/indigenous/mikmaq-culture.php

Plains Indians - Cheyenne - Native Americans in Olden Times for Kids. (2019). Mrdonn.org. https://nativeamericans.mrdonn.org/plains/cheyenne.html

Ramirez, S. (2022, June 6). Wilma Mankiller Led as the First Woman Principal Chief of the Cherokee Nation. Smithsonian American Women's History. https://womenshistory.si.edu/blog/wilma-mankiller-led-first-woman-principal-chief-cherokee-nation

Reading Rockets. (n.d.). Native American Traditional Tales and Legends | Reading Rockets. Www.readingrockets.org. https://www.readingrockets.org/books-and-authors/booklists/american-indian-and-alaska-native-history-and-culture/native-american

Reed, J. (2024, March 13). The Life of Wilma Mankiller, First Woman to Serve as Principal Chief of the Cherokee Nation | National Trust for Historic Preservation. Savingplaces.org. https://savingplaces.org/guides/wilma-mankiller-first-woman-principal-chief-cherokee-nation

Sitting Bull (Tatanka Yotanka). (2017, August 2). UNHCR Central Europe. https://www.unhcr.org/ceu/9507-sitting-bull-tatanka-yotanka.html

Smith, S. (2015, September 16). The Legend of the Whispering Wind. Motherhood in Technicolor. https://www.motherhoodintechnicolor.com/the-legend-of-the-whispering-wind/

Stekel, P. (n.d.). Chief Seattle. HistoryNet. https://www.historynet.com/chief-seattle/

Summer, B. (2014, November 30). PPT - Mi'kmaq Creation Stories PowerPoint Presentation, free download - ID:7047989. SlideServe. https://www.slideserve.com/summer-barr/mi-kmaq-creation-stories

The Admin. (2024, February 24). Native American Tales: Unveiling Legends and Their Meanings. SOCIALSTUDIESHELP.COM. https://socialstudieshelp.com/native-american-tales-unveiling-legends-and-their-meanings/

The Hopi Origin Story | Native America. (n.d.). PBS LearningMedia. https://www.pbslearningmedia.org/resource/hopi-origin-story/hopi-origin-story/

Tribal Directory. (2016). Tlingit Raven Story. Tribaldirectory.com. https://tribaldirectory.com/information/tlingit-raven.html

Welker, G. (n.d.). How the Buffalo Hunt Began. Indians.org. https://indians.org/welker/buffhunt.htm

What is Folklore? – Social Sciences, Health, and Education Library (SSHEL) – U of I Library. (2019). Illinois.edu. https://www.library.illinois.edu/sshel/specialcollections/folklore/definition/

Wilson, L. (n.d.). Mankiller, Wilma Pearl | The Encyclopedia of Oklahoma History and Culture. Www.okhistory.org. https://www.okhistory.org/publications/enc/entry.php?entry=MA013

Fuentes de imágenes

[1] *https://pixabay.com/illustrations/fantasy-unicorn-rainbow-pegasus-7457387/*

[2] *https://commons.wikimedia.org/wiki/File:Le_G%C3%A9nie_du_Lac_des_Deux-Montagnes.jpg*

[3] *J.J. O'Neill, CC BY-SA 4.0 <https://creativecommons.org/licenses/by-sa/4.0>, via Wikimedia Commons. https://commons.wikimedia.org/wiki/File:Copper_Inuit_in_an_umiak_at_Port_Epworth_(38553).jpg*

[4] *https://pixabay.com/illustrations/vintage-arthur-rackham-victorian-1722786/*

[5] *Internet Archive Book Images, No restrictions, via Wikimedia Commons. https://commons.wikimedia.org/wiki/File:En_mocassins_(1920)_(14747592616).jpg*

[6] *Lidine Mia, CC BY-SA 4.0 <https://creativecommons.org/licenses/by-sa/4.0>, via Wikimedia Commons: https://commons.wikimedia.org/wiki/File:Plimoth_Plantation_-_Reconstitution_d%27un_campement_d%27am%C3%A9rindiens_Wampanoag._01.jpg*

[7] *https://pixabay.com/illustrations/painting-art-artwork-karl-bodmer-1023411/*

[8] *https://commons.wikimedia.org/wiki/File:Chief_Sitting_Bull.jpg*

[9] *https://commons.wikimedia.org/wiki/File:Battle_of_the_Little_Big_Horn.jpg*

[10] *https://commons.wikimedia.org/wiki/File:Wilma_Mankiller_1998.jpg*

[11] *Tripodero, CC0, via Wikimedia Commons: https://commons.wikimedia.org/wiki/File:Flag_of_the_American_Indian_Movement_V2.svg*

[12] *Mathias Krumbholz, CC BY-SA 3.0 <https://creativecommons.org/licenses/by-sa/3.0>, via Wikimedia Commons: https://commons.wikimedia.org/wiki/File:Stars_01_(MK).jpg*

[13] *https://pixabay.com/illustrations/ai-generated-bear-animal-wild-8666173/*

[14] *Stellarium map with additions by Bob King; source: Robert Benjamin., CC BY-SA 3.0 <https://creativecommons.org/licenses/by-sa/3.0>, via Wikimedia Commons: https://commons.wikimedia.org/wiki/File:Arc-Big-Dipper-map_S2.jpg*

[15] https://commons.wikimedia.org/wiki/File:Ernest_Smith_Sky_Woman_1936.jpg

[16] https://pixabay.com/illustrations/space-stars-comet-astronomy-1486556/

[17] https://pixabay.com/illustrations/ai-generated-raven-bird-crow-8525111/

[18] https://pixabay.com/illustrations/ai-generated-shaman-mystical-forest-8671770/

[19] https://pixabay.com/illustrations/ai-generated-woman-native-american-8549063/

[20] Evan Howard, CC BY-SA 2.0 <https://creativecommons.org/licenses/by/2.0>, via Wikimedia Commons: https://commons.wikimedia.org/wiki/File:Bison_Hunt_(24176185315).jpg

[21] https://commons.wikimedia.org/wiki/File:Native_Americans_from_Southeastern_Idaho_-_NARA_-_519243.tif

[22] https://commons.wikimedia.org/wiki/File:Buffalo_Hunt.jpg

[23] Internet Archive Book Images, No restrictions, via Wikimedia Commons: https://commons.wikimedia.org/wiki/File:American_Indians_-_first_families_of_the_Southwest_(1920)_(14589572319).jpg

[24] Southwestern State Teachers College, No restrictions, via Wikimedia Commons: https://commons.wikimedia.org/wiki/File:%22Buffalo_in_Western_Okla.%22_(Oklahoma)_Native_American_and_Bison_art_detail,_Oracle,_The_(1921)_(14788226263)_(cropped).jpg

[25] https://commons.wikimedia.org/wiki/File:Native_American_Indians.jpg

[26] Frithjof Schuon, CC0, via Wikimedia Commons: https://commons.wikimedia.org/wiki/File:Detail_from_%E2%80%9CApparition_of_the_Buffalo_Calf_Maiden%E2%80%9D_(1959)_by_Frithjof_Schuon.jpg

[27] Martin St-Amant (S23678), CC BY-SA 3.0 <https://creativecommons.org/licenses/by-sa/3.0>, via Wikimedia Commons: https://commons.wikimedia.org/wiki/File:44_-_Iguazu_-_D%C3%A9cembre_2007.jpg

[28] Copetersen www.copetersen.com, CC BY-SA 3.0 <https://creativecommons.org/licenses/by-sa/3.0>, via Wikimedia Commons: https://commons.wikimedia.org/wiki/File:3782_Common_Raven_in_flight.jpg

[29] Matthew T Rader, https://matthewtrader.com, CC BY-SA 4.0 <https://creativecommons.org/licenses/by-sa/4.0>, via Wikimedia Commons: https://commons.wikimedia.org/wiki/File:Copper_Breaks_State_Park_with_the_Milky_Way_Galaxy.jpg

[30] https://commons.wikimedia.org/wiki/File:Micmac2.jpg

[31] Jessie Eastland, CC BY-SA 4.0 <https://creativecommons.org/licenses/by-sa/4.0>, via Wikimedia Commons: https://commons.wikimedia.org/wiki/File:Desert_Electric.jpg

[32] California Department of Fish and Wildlife from Sacramento, CA, USA, CC BY 2.0 <https://creativecommons.org/licenses/by/2.0>, via Wikimedia Commons: https://commons.wikimedia.org/wiki/File:Coyote_03_(canis_latrans)_(22169256854).jpg

[33] Tigerhawkvok (talk · contribs), CC BY-SA 3.0 <https://creativecommons.org/licenses/by-sa/3.0>, via Wikimedia Commons: https://commons.wikimedia.org/wiki/File:Crotalus_cerastes_mesquite_springs_CA.JPG

[34] *Danielarapava, CC BY-SA 4.0 <https://creativecommons.org/licenses/by-sa/4.0>, via Wikimedia Commons: https://commons.wikimedia.org/wiki/File:Frostedbubble2.jpg*

[35] *https://commons.wikimedia.org/wiki/File:%22FREE_SILVER%22_raven_art_in_1900_detail,_from-_Nevermore_-_Keppler._LCCN2010651343_(cropped).tif*

[36] *https://pixabay.com/illustrations/owl-branch-perch-wise-wisdom-bird-6164884/*

[37] *https://www.pexels.com/photo/photo-of-stream-during-daytime-3225517/*

[38] *Devaprasanna Ghatak, CC BY 4.0 <https://creativecommons.org/licenses/by/4.0>, via Wikimedia Commons: https://commons.wikimedia.org/wiki/File:Spectacularly_colourful_canna_flower_rising_into_a_cloudy_sky.jpg*

[39] *https://pixabay.com/illustrations/mountains-jump-boy-rock-success-7004455/*

[40] *Workman, CC BY-SA 3.0 <https://creativecommons.org/licenses/by-sa/3.0>, via Wikimedia Commons: https://commons.wikimedia.org/wiki/File:Aerial_view_of_canyons.jpg*

[41] *https://pixabay.com/illustrations/native-american-native-american-women-8076731/*

[42] *https://en.wikipedia.org/wiki/File:Detail_Lewis_%26_Clark_at_Three_Forks.jpg*

[43] *https://pixabay.com/illustrations/ai-generated-child-mountain-girl-8672743/*

[44] *See page for author, CC BY 4.0 <https://creativecommons.org/licenses/by/4.0>, via Wikimedia Commons: https://commons.wikimedia.org/wiki/File:A_North_American_Indian_shaman_or_medicine_man_healing_a_pat_Wellcome_V0015998.jpg*

[45] *https://en.wikipedia.org/wiki/File:Chief_seattle.jpg*

[46] *Jeffery Hayes, CC BY-SA 3.0 <https://creativecommons.org/licenses/by-sa/3.0>, via Wikimedia Commons: https://commons.wikimedia.org/wiki/File:Seattle_Center_as_night_falls.jpg*

www.ingramcontent.com/pod-product-compliance
Lightning Source LLC
Chambersburg PA
CBHW060526150626
46550CB00020B/2400